Gina Senarighi

Mehr Liebe, weniger Streit

Gina Senarighi

Mehr Liebe, weniger Streit

Das Workbook für bessere Kommunikation und mehr Harmonie in der Beziehung

Aus dem Englischen von
Marion Zerbst

YES

1. Auflage 2023

Türkenstraße 89, 80799 München
info@yes-publishing.de

Die amerikanische Originalausgabe erschien 2020 unter dem Titel *Love More, Fight Less: Communication Skills Every Couple Needs: A Relationship Workbook for Couples* bei Zeitgeist, an imprint of Zeitgeist™, a division of Penguin Random House LLC, New York. Zeitgeist™ is a trademark of Penguin Random House LLC. penguinrandomhouse.com

Übersetzung: Marion Zerbst
Redaktion: Caroline Kazianka
Umschlagabbildung: igor kisselev/Shutterstock.com
Layout: Stacy Wakefield Forte
Satz: Müjde Puzziferri, MP Medien, München
Druck: Florjancic Tisk d.o.o., Slowenien
Printed in the EU

ISBN Print 978-3-96905-252-5

ISBN E-Book (PDF) 978-3-96905-253-2

WIDMUNG:

Für Rae, die große Liebe meines Lebens

Für meine Eltern, die mir dauerhafte Liebe vorgelebt haben

Und für alle Menschen, die gerade dabei sind, sich ein glückliches Liebesleben aufzubauen

INHALT

Teil zwei

BEZIEHUNGSPROBLEME

KOMMUNIKATION *ist die Basis jeder Beziehung*

IN WOHNZIMMERN, RESTAURANTS, Autos und per SMS-Austausch versuchen Paare weltweit jeden Tag, schwierige Gespräche miteinander zu führen – oder zu vermeiden. Die Themen können die ganze Bandbreite einer Beziehung abdecken: von Hochzeits- oder Urlaubsplänen bis hin zu Vorwürfen und Entschuldigungen. All diese Diskussionen – manchmal kompliziert, manchmal vielleicht auch heikel – können entweder in eine gelungene Kommunikation oder eine Fehlkommunikation münden.

Seit zehn Jahren unterstütze ich Paare weltweit als Therapeutin und Coachin – sowohl in Einzelsitzungen als auch im Rahmen von Paarseminaren und Kommunikationsworkshops – und habe dabei schon alles Mögliche erlebt. Von Paaren, die wegen der Hausarbeit aneinandergeraten, bis hin zu Ehen, die beinahe an der Pünktlichkeit (oder Unpünktlichkeit) eines Partners gescheitert wären – meine Klienten haben sehr unterschiedliche Sorgen und Probleme. Es gibt aber ein paar wiederkehrende Themen, die sich wie ein roter Faden durch diese Beziehungskonflikte ziehen. Und meiner Erfahrung nach haben selbst Menschen, die gut kommunizieren können, mit Konflikten in ihren engsten Beziehungen zu kämpfen.

Leider haben die meisten von uns nie gelernt, wie man Konflikte auf gesunde Weise bewältigt. Unsere Rollenvorbilder haben uns nicht beigebracht, wie man mit negativen Gefühlen, Verantwortung und Missverständnissen umgeht. Aufgrund unserer Erfahrungen mit Eltern und Bezugspersonen haben wir in unserer Kindheit und Jugend gewisse

Standardkommunikationsmuster entwickelt, auf die wir dann später auch in unserem Beziehungsleben als Erwachsene zurückgreifen. Und den meisten Menschen würde es nicht schaden, diese Kommunikationsmuster ein bisschen zu optimieren.

Ob Sie es glauben oder nicht: Es kann sogar Spaß machen, auf die »Reset«-Taste Ihres Kommunikationsverhaltens zu drücken und neue zwischenmenschliche Fähigkeiten zu erlernen. Ich habe Tausenden von Paaren beigebracht, wie man gut und liebevoll miteinander kommuniziert – selbst in angespannten Situationen.

Die Klienten, die zu meinen Paarseminaren kommen, haben in ihrer Partnerschaft meistens schon so oft aneinander vorbeigeredet und sich gegenseitig mit Missverständnissen und Zurückweisungen wehgetan, dass sie gar keinen richtigen Kontakt mehr zueinander haben. Die meisten streiten sich seit Jahren über dieselben oftmals belanglosen Probleme. Und manche Paare finden diese ständigen Auseinandersetzungen so zermürbend, dass sie die Hoffnung verloren haben. »Lässt sich an unserer Beziehung wirklich noch etwas ändern?«, fragen sie mich. »Oder liegt es vielleicht einfach daran, dass wir zu verschieden sind?« Solchen Paaren antworte ich: »Man kann immer etwas verändern.« Und das stimmt. Man muss nur bereit sein, die Spannungen zu entschärfen und ein paar einfache Kommunikationsfähigkeiten zu erlernen. Dann ist es gar nicht so schwierig, einen Neuanfang in einer Beziehung zu finden.

Wenn ich mit Paaren arbeite, entwickeln wir gemeinsam neue Fähigkeiten zur Selbstreflexion, zur Übernahme persönlicher Verantwortung und zur Heilung alter Verletzungen. Je mehr emotionale Trümmer wir beseitigen, umso stärker wird das Vertrauen zwischen den beiden Partnern und umso leichter fällt es ihnen, Mitgefühl aufzubauen und die Grenzen des anderen zu respektieren. Dank dieser neuen Fähigkeiten fühlen sich die Paare dann auch in angespannten Situationen wohler und können besser mit emotionalen Reaktionen umgehen, ohne sich in ihr Schneckenhaus zurückzuziehen, davonzulaufen oder wütend auf den Partner zu werden.

In diesem Arbeitsbuch zeige ich Ihnen einfache Strategien, mit denen Sie Ihre Kommunikationsmuster verändern, ein tieferes Verständnis für Ihren Partner entwickeln und eine sinnvollere Beziehung zu ihm eingehen können. Diese Fähigkeiten eignen sich für jeden Beziehungsstatus – egal ob Sie verheiratet sind oder sich gerade erst kennengelernt haben, ja sogar dann, wenn »alles furchtbar kompliziert« ist. Ob schwul, lesbisch oder heterosexuell – ohne gesunde Kommunikationsfähigkeiten kann keine Partnerschaft überleben. Neuen Forschungsergebnissen zufolge haben gleichgeschlechtliche und queere Paare in ihrer Kommunikation zwar ein paar spezielle Herausforderungen zu meistern und besitzen andererseits auch besondere Stärken und Fähigkeiten, doch die meisten wissenschaftlichen Untersuchungen belegen, dass wir – unabhängig von unserer sexuellen Orientierung – alle auf die gleichen Standardkommunikationsmuster zurückgreifen. Und genau da kommen die Strategien ins Spiel, die ich Ihnen in diesem Buch vermitteln möchte. Der besseren Lesbarkeit halber spreche ich in diesem Buch meist vom „Partner", damit meine ich aber explizit immer alle Geschlechter.

Je mehr zwei Menschen sich lieben, umso seltener streiten sie sich, und die Kämpfe, die sie miteinander ausfechten, richten dann auch sehr viel weniger Schaden an.

Es gibt nichts Schöneres, als zu beobachten, wie Paare konfliktsicher werden, ihre negativen Gefühle hinter sich lassen und einander wieder in liebevoller Entspanntheit begegnen. Sobald es ihnen gelingt, selbst heikle Situationen mit Demut und leisem Humor zu meistern, lassen sie entspannt die Schultern sinken, und das Lächeln kehrt auf ihre Lippen zurück. Sie wissen, dass es nicht darum geht, eine konfliktfreie Beziehung zu führen, sondern darum, Meinungsverschiedenheiten und Missverständnisse mithilfe kluger Kommunikationsstrategien schnellstmöglich zu überwinden. Und sie nutzen Konflikte als Chance, um ihre Beziehung zueinander auf respektvolle Weise zu vertiefen.

Warum Paare sich streiten

Über 90 Prozent meiner Klienten sagen, dass sie ihre Kommunikationsprobleme überwinden möchten. Entweder stören sie sich am unschönen Ton ihrer Streitigkeiten, oder sie wissen nicht, wie man einen Konflikt auf gesunde Weise meistert. Deshalb gehen sie heiklen Themen so lange aus dem Weg, bis der Konflikt sich in heftigen Emotionen Bahn bricht – was nur selten zu einer Lösung führt. Denn inzwischen haben sich bereits negative Gefühle angestaut und zu Distanz und Zwietracht geführt, sodass die Situation ausweglos erscheint. Kommt Ihnen dieses Muster bekannt vor? Schlechte Kommunikation – so sage ich den Paaren, die in meine Sprechstunde kommen, immer wieder – kann selbst die perfekteste Beziehung ruinieren.

Wenn ich meine Klienten frage, wie oft sie miteinander kommunizieren, geben die meisten an, das Gefühl zu haben, nie länger als ein paar Sekunden von ihrem Partner getrennt zu sein, weil sie sich ständig SMS oder E-Mails schicken können. In unserer heutigen Gesellschaft erleben die Menschen zwar das beglückende Gefühl, blitzschnell miteinander in Verbindung treten zu können, doch diese enge Verbundenheit kann

SEIEN SIE BEREIT!

Wenn Sie die Übungen zusammen mit Ihrem Partner machen, hören Sie vorher lieber erst einmal in sich hinein. In welcher körperlichen, geistigen und seelischen Verfassung befinden Sie sich? Hat einer von Ihnen Hunger oder ist müde? Falls ja, kümmern Sie sich zuerst um diese Grundbedürfnisse, und vereinbaren Sie bei Bedarf einen neuen Termin für Ihr Gespräch.

auch schneller zerstört werden als je zuvor. Denn in unserer eng vernetzten modernen Welt, in der wir über große Entfernungen hinweg miteinander kommunizieren können, werden Tonfall und Inhalte besonders leicht missverstanden, sodass die Kommunikation am Ende oft mehr Schaden anrichtet, als sie nützt.

Ein weiteres Problem ist der extreme Zeitdruck, unter dem Paare heutzutage stehen, denn dadurch lebt man nur allzu leicht aneinander vorbei. Den meisten Paaren fällt es schwer, sich so viel Zeit für ihre Beziehung zu nehmen, wie sie möchten – und für die Lösung ihrer Konflikte reicht die knapp bemessene Freizeit erst recht nicht aus. Viele der Paare, die ich als Therapeutin betreue, können weniger als eine Stunde pro Woche hundertprozentig füreinander da sein.

Zu viel oder zu wenig Kommunikation – beides macht unsere Beziehungen kaputt. Doch zum Glück lässt sich das ändern. Mit den Kommunikationsstrategien, die ich Ihnen in diesem Arbeitsbuch erklären möchte, können Sie Ihre Verhaltensmuster ändern und Ihre wichtigsten Beziehungen problemlos meistern.

STREIT UND INEFFEKTIVE KOMMUNIKATION

Wenn Paare mir sagen, dass sie ihre Kommunikation verbessern möchten, meinen sie damit eigentlich, dass sie gern lernen würden, weniger zu streiten. Doch obwohl Konflikte sehr belastend sein können, wenn man nicht richtig damit umgeht, sind sie doch ein natürlicher und notwendiger Bestandteil jeder Beziehung.

Der Trick besteht darin, sich in einem sorgsamen Umgang mit Konflikten zu üben. Die meisten Streitereien sind nicht konstruktiv und können großen Schaden in einer Beziehung anrichten. Aber man kann Konflikte auch so angehen, dass man sich dabei näherkommt, statt die Kluft in der Beziehung zu vertiefen. Und mit diesen Kommunikationsstrategien wollen wir uns nun beschäftigen.

Als Matt und Kevin zum ersten Mal in meine Praxis kamen, erklärten sie mir, sie hätten »Probleme mit der Kommunikation«. Eigentlich schienen die beiden ganz gut miteinander reden zu können, doch bei näherem Hinsehen stießen wir auf ein Problem. Matts Eltern hatten ein ziemlich distanziertes Verhältnis zu ihrem Sohn gehabt, daher hatte er sich im Umgang mit seinen Bedürfnissen ein kontraproduktives Vermeidungsverhalten angewöhnt: Er versuchte, sie entweder beiseitezuschieben oder mithilfe passiv-aggressiver Taktiken durchzusetzen, was Kevin normalerweise entweder übersah oder missverstand. Infolgedessen war Matt frustriert, und Kevin hatte das Gefühl, seinen Partner ständig zu enttäuschen.

Als Keith und Samantha mich aufsuchten, standen sie kurz vor der Trennung. Vor allem Samantha war mit ihrem Latein am Ende. »Ich verstehe gar nicht, warum wir beide so schlecht mit unseren Konflikten fertigwerden«, meinte sie – und das, obwohl sie beruflich an internationalen Friedensverhandlungen mitwirkte. »Bei meiner Arbeit gelingt es mir hervorragend, Konflikte beizulegen, aber wenn ich mit Keith zusammen bin, schaffe ich es einfach nicht«, klagte sie. Viele Menschen zeigen bei der Arbeit gute Kommunikationsfähigkeiten, doch zu Hause lässt dieses Talent sie kläglich im Stich.

Sasha und Dayton waren bereits seit 18 Jahren zusammen, als sie auf meiner Couch landeten. »Wir haben uns ein wunderschönes Leben zusammen aufgebaut, aber wenn es um Sex geht, ist die Situation so verfahren, dass wir nicht darüber reden können, ohne uns gegenseitig anzuschreien oder zu weinen«, erklärten sie mir. Wie so viele Paare kommen Sasha und Dayton mit den meisten komplizierten Dingen des Lebens gut zurecht, doch bei einem bestimmten Thema scheinen sie ständig gegen eine Wand anzurennen.

Kommunikationskonflikte in intimen Beziehungen bereiten uns besonderes Kopfzerbrechen. Die meisten von uns erleben ihre heftigsten und chaotischsten Konflikte ausgerechnet mit den Menschen, die ihnen besonders am Herzen liegen. Doch zum Glück gibt es da Hoffnung: Wir müssen einfach bessere Kommunikationsfähigkeiten erlernen. Mit den einfachen Überlegungen und Strategien, die ich Ihnen in diesem Arbeitsbuch vermitteln möchte, können Sie die Konfliktmuster in Ihrer Partnerschaft überwinden.

Wie Sie mit diesem Buch arbeiten

Arbeitsbücher können uns bei unserem inneren Wachstum und unserer persönlichen Weiterentwicklung helfen, weil der Leser das Gelernte sofort in praktische Veränderungen umsetzen kann. Anhand der in diesem Arbeitsbuch beschriebenen Taktiken und Strategien können Sie lernen, besser miteinander zu kommunizieren. Außerdem enthält das Buch geführte Reflexionen zur Verbesserung Ihrer Kommunikationsfähigkeiten.

Sie können dieses Buch allein oder – noch besser – zusammen mit Ihrem Partner durcharbeiten. Die Übungen sollen Sie einander näherbringen und Sie dabei unterstützen, sich gegenseitig besser zu verstehen. Selbst Leser, die in einer relativ konfliktarmen

Beziehung leben, werden von diesen Übungen profitieren, denn sie vertiefen die Verbundenheit mit dem wichtigsten Menschen in ihrem Leben.

Dieses Buch ist in zwei Teile gegliedert. Im ersten Teil geht es um sechs wichtige Bereiche, in denen Sie Ihre Kommunikation verbessern können. Jedem dieser Bereiche sind Übungen zugeordnet, die Sie zusammen mit Ihrem Partner machen können, um Ihre Kommunikationsfähigkeit zu optimieren.

Teil zwei führt Sie durch ein paar realitätsnahe Szenarien, die in einer Partnerschaft oft zu Konflikten führen. Diese Probleme tauchen bei den verschiedensten Paaren, mit denen ich arbeite, immer wieder auf. Mithilfe der in Teil eins erlernten Kommunikationsfähigkeiten wird es Ihnen leichter fallen, diese Probleme zu meistern.

WAS SIE ERWARTET UND TIPPS FÜR DEN ERFOLG

Bevor Sie mit der Lektüre dieses Buches beginnen, möchte ich Ihnen sechs wichtige Tipps geben, damit Sie erfolgreich sind

Nehmen Sie diese Arbeit ernst

Die Übungen in diesem Buch bringen Ihnen nur dann etwas, wenn beide Partner bereit sind, sich auf einen Lernprozess einzulassen. Planen Sie daher genügend Zeit zum Nachdenken ein! Und wenn Sie sich gegenseitig Ihre Antworten auf die Fragen mitteilen, sollten Sie dabei einfühlsam miteinander umgehen. Also hören Sie vor diesem Gedankenaustausch in sich hinein, um sicherzugehen, dass Sie sich in der bestmöglichen Verfassung dafür befinden. (Wenn Sie gerade eine hektische Fahrt zur Arbeit oder einen stressigen Arbeitstag hinter sich haben, werden Sie wahrscheinlich nicht unbedingt die besten Voraussetzungen für so ein Gespräch mitbringen.)

Nehmen Sie sich Zeit

Arbeiten Sie dieses Buch in Ruhe durch. Veränderungen sind meist ein langsamer Prozess. Wenn Sie bei dieser Arbeit etwas erzwingen wollen, wird das garantiert nicht zu größeren oder besseren Veränderungen führen – damit erreichen Sie höchstens das Gegenteil.

Denken Sie langfristig

Die Veränderung eingefahrener Kommunikationsmuster ist ein langwieriger Entwicklungsprozess. Denken Sie daran: Für die Übungen in diesem Buch gibt es kein Zeitlimit.

Da es sich hierbei um ein Arbeitsbuch handelt, können Sie zwischendurch immer wieder Pausen einlegen, um die Informationen in Ruhe zu verarbeiten.

Üben, üben, üben

Es wäre großartig, wenn man seine Verhaltensmuster nach der Lektüre eines Arbeitsbuchs sofort für immer verändern könnte. Doch jede Veränderung erfordert Übung. Nehmen Sie sich also vor, konsequent daran zu arbeiten.

Geduld, Geduld, Geduld

Verlieren Sie nicht den Mut, wenn Sie bei diesem Veränderungsprozess hin und wieder Rückschläge erleben. Haben Sie Geduld mit sich und Ihrem Partner! Üben Sie die in diesem Buch beschriebenen Fähigkeiten immer wieder – dann werden Sie mit der Zeit feststellen, dass Ihre Kommunikationsmuster sich von Grund auf verändern.

Überwinden Sie einschränkende Glaubenssätze

Lernprozesse scheitern oft an drei Glaubenssätzen, die uns bei unserer Weiterentwicklung im Weg stehen. Um eine Veränderung herbeiführen zu können, muss man aber innerlich offen sein. Deshalb möchte ich Sie vor den drei folgenden Glaubenssätzen warnen:

- **»DAS WEISS ICH DOCH SCHON.«** Von einigen der Dinge, die wir in diesem Buch behandeln werden, haben Sie sicher schon gehört. Doch leider nehmen wir uns nur selten die Zeit, unser Beziehungswissen gezielt auf unser eigenes Leben oder Verhalten anzuwenden. Wenn Sie bei diesem Lernprozess innerlich offen und neugierig bleiben, werden Sie durchaus Möglichkeiten finden, die betreffende Lektion in Ihr Leben zu integrieren. Und wer weiß: Vielleicht wird dadurch ja diesmal ein tieferer Lernprozess angestoßen als bisher. Statt zu sagen: »Das weiß ich schon«, sollten Sie sich also lieber fragen: »Was kann ich daraus lernen?« Versuchen Sie, die betreffende Information aus einem neuen Blickwinkel oder mit neuer Wertschätzung zu betrachten.

- **»WIR HABEN SCHON ALLES VERSUCHT.«** Vielleicht klingt dieser einschränkende Glaubenssatz bei Ihnen ein bisschen anders, zum Beispiel: »Das habe ich schon probiert« oder »Bei mir würde das nicht funktionieren«. Bleiben Sie innerlich aufgeschlossen und neugierig und fragen Sie sich lieber: »Wie könnte das bei mir funktionieren?« Selbst wenn Sie tatsächlich schon mal etwas Ähnliches ausprobiert haben, sind Sie heute doch ein ganz anderer Mensch als früher und bringen womöglich auch bessere Voraussetzungen zum Glücklichsein mit. Also versuchen Sie es trotzdem noch einmal!

➜ **»SO EINFACH KANN DAS DOCH NICHT SEIN.«** Der dritte einschränkende Glaubenssatz, über den meine Klienten bei dieser Arbeit häufig stolpern, lautet: »Das ist zu einfach.« Seltsam, aber wahr: Die Leichtigkeit dieser Praktiken verleitet viele Paare dazu, sie nicht ernst genug zu nehmen. Doch wenn wir glauben, mit einfachen Strategien nichts bewirken zu können, sind wir auf dem Holzweg. Gerade in den banalsten Momenten einer Beziehung entsteht oft eine tiefe, sinnstiftende Verbindung. Wenn wir diese kleinen Chancen übersehen, uns besser zu verstehen oder uns enger miteinander verbunden zu fühlen, wird es mit unserer Partnerschaft früher oder später bergab gehen. Deshalb enthält dieses Buch viele Anregungen für minimale Kurskorrekturen, die Sie vornehmen können, um etwas an Ihren Beziehungsmustern zu verbessern. Lassen Sie sich nicht von der Einfachheit dieser Strategien täuschen – wenn Sie sich konsequent auf diesen Prozess einlassen, werden Sie Ihre Partnerschaft bald mit klarerem Blick meistern!

Teil eins

GUTE KOMMUNIKATIONS-FÄHIGKEITEN ENTWICKELN

Dieser Teil meines Buches besteht aus sechs Kapiteln. In jedem Kapitel werden Sie fünf Fähigkeiten kennenlernen, die Sie allein oder zusammen mit einem Menschen, den Sie lieben, einüben können. Wir beginnen dabei mit Übungen zur Selbsterforschung. Denn um eine bessere Verbindung zu Ihrem Partner aufbauen zu können, müssen Sie zunächst einmal Ihre Kommunikation mit sich selbst optimieren.

Außerdem geht es in diesem Teil um die häufigsten Probleme beim Reden und Zuhören und um die besten Wege, Konflikte zu lösen, entstandene Schäden zu reparieren und sich nach schwierigen Zeiten wieder miteinander zu versöhnen. Wir werden daran arbeiten, Ihre Intimität und Ihr Vertrauen zueinander zu vertiefen, damit Ihre Beziehung möglichst lange hält und die Leidenschaft nicht verloren geht. Und zum Schluss wird es darum gehen, gesunde Grenzen zu setzen.

Diese Fähigkeiten erlernt man nicht über Nacht. Wie bei allem Neuen im Leben geht es auch hier nicht ohne regelmäßiges Üben. Bevor Sie damit anfangen, sollten Sie in sich hineinhören und auf Ihre körperliche und seelische Verfassung achten. Falls Sie gerade Hunger oder Durst verspüren oder müde sind, erfüllen Sie sich diese Grundbedürfnisse bitte, bevor Sie mit dem Üben beginnen. Außerdem ist es wichtig, sich für diese Arbeit in einen Raum zurückzuziehen, in dem Sie ungestört sind und nicht von Bildschirmen und Telefonen abgelenkt werden. Diese Zeit soll nur Ihnen beiden gehören.

Und vor allem: Überstürzen Sie nichts! Nehmen Sie sich viel Zeit, um neue, andere Möglichkeiten des Zusammenseins als Paar auszuprobieren.

1

SELBSTERFORSCHUNG

UNSERE BEZIEHUNG zu uns selbst bildet die Grundlage für alle anderen Beziehungen. Bevor Sie also mit der Arbeit an Ihren zwischenmenschlichen Beziehungen beginnen, sollten Sie zunächst mal Ihre eigenen Denk- und Verhaltensmuster durchschauen, Fähigkeiten zur Bewältigung intensiver Emotionen entwickeln und lernen, wiederkehrende negative Muster in Ihren Beziehungen zu durchbrechen.

FÄHIGKEIT NR. 1

Sich Verhaltensmuster bewusst machen

ZIELE

- Sich prägender Beziehungsvorbilder und -lektionen bewusst werden
- Erwartungshaltungen, Verhaltensmuster und typische Reaktionen erkennen
- Entscheiden, was Sie an diesen Mustern verändern möchten

Ohne es zu wissen, haben wir von unserer Familie, unseren frühen Beziehungen und der Gemeinschaft, in der wir leben, unzählige kleine Botschaften übernommen, in denen es darum geht, wie man sich in einer Partnerschaft verhält. Denn im Lauf der Zeit lernen wir von unseren Beziehungsvorbildern und aus unseren ersten Liebschaften wichtige Lektionen darüber, wie man Grenzen setzt, Respekt zeigt, eine feste Beziehung eingeht und sich liebevoll umeinander kümmert.

Aus diesen Lektionen erwachsen bestimmte Normen und Erwartungshaltungen: Wir entwickeln persönliche Stärken und Reaktionsmuster, die uns oft jahrelang begleiten, ohne dass wir uns dessen bewusst sind.

Mit manchen dieser Standardverhaltensmuster kommen wir gut zurecht, während andere uns im Weg stehen. Doch zum Glück sind diese Muster nicht in Stein gemeißelt: Mit etwas Anleitung und Übung können Sie neue Fähigkeiten erlernen, durch die Ihr Beziehungsleben sich mit der Zeit verbessern wird.

ÜBUNG

Lassen Sie sich von den unten stehenden Fragen zu einer geführten Tagebuchübung inspirieren. Stellen Sie einen Timer auf fünf Minuten ein und notieren Sie Ihre Antwort auf die erste Frage in der rechten Spalte, ohne sie nachträglich zu bearbeiten. Schreiben Sie so lange ununterbrochen weiter, bis die fünf Minuten um sind. Dann tun Sie das Gleiche mit einer anderen Frage.

Sobald Sie ein paar Fragen beantwortet haben, lesen Sie Ihre Antworten noch einmal durch und wählen ein paar Sätze oder Textpassagen aus, von denen Sie Ihrem Partner erzählen möchten. Nehmen Sie sich Zeit für diesen Gedankenaustausch. Vielleicht möchten Sie und Ihr Partner sich vorher zunächst einmal im Zuhören (siehe Kapitel 2 und 3) üben.

Familie

Was hat meine Familie mir über persönliche Grenzen und Konfliktlösung beigebracht?	

Was habe ich von meiner Familie über Zorn und emotionale Reaktionsmuster gelernt?	
Was habe ich von meiner Familie bezüglich Entschuldigungen und Vergebung erfahren?	

Frühere Lebenserfahrungen

Was habe ich aus meinen früheren Lebenserfahrungen (vor allem aus Freundschaften) über persönliche Grenzen und Konfliktlösung gelernt?

Wie haben meine bisherigen Erfahrungen in puncto Vergebung und Wiedergutmachung in Beziehungen mein heutiges Beziehungsverhalten beeinflusst?	
Wie wirken Zorn und meine früheren emotionalen Reaktionsmuster sich auf mein heutiges Verhalten in Konflikten aus?	

Frühere Liebesbeziehungen

Was habe ich aus meinen ersten Erfahrungen in der Liebe über Vergebung und Wiedergutmachung in Beziehungen gelernt?	
Was haben mich meine ersten Erfahrungen in der Liebe über Grenzen und Konflikte gelehrt?	

Kulturelles Umfeld

Welche Normen gab es in der Stadt oder Gemeinde, in der ich aufgewachsen bin, im Hinblick auf persönliche Grenzen und Konflikte? Wie gut bin ich mit diesen Normen zurechtgekommen; war das schwierig für mich?

DISKUSSIONSPUNKTE

Besprechen Sie das, was Sie aus dieser Übung gelernt haben, in Ruhe mit Ihrem Partner. Welche Ihrer Standardverhaltensmuster passen gut zusammen? Welche sollten Sie optimieren?

FÄHIGKEIT NR. 2

Emotionale Reaktionsmuster erkennen

ZIELE

- Die Signale Ihres Körpers kennenlernen, die Ihnen verraten, dass Sie gerade in eine emotionale Reaktion verfallen
- Sich Ihre emotionalen Reaktionen bewusst machen
- Innehalten und gegensteuern, sobald Sie anfangen, emotional zu reagieren

Wir alle reagieren in schwierigen Situation emotional. Dann werden wir wütend, bekommen Angst oder sind gekränkt und neigen dazu, unsere Mitmenschen zu attackieren oder in die Defensive zu gehen. Oft führen solche emotionalen Reaktionsmuster dazu, dass wir uns selbst sabotieren oder unserer Beziehung schaden.

Um etwas an diesen Mustern ändern zu können, müssen wir zunächst einmal wissen, wann sie auftauchen. Also wollen wir nun versuchen, hinter die Ursachen dieser Reaktionen zu kommen.

Diese Ursachenfindung ist wohl der wichtigste Schritt zur Lösung von Problemen, die auf heftigen Emotionen beruhen. Gleichzeitig ist sie aber auch einer der schwierigsten Schritte, denn sie setzt eine ehrliche Selbsteinschätzung und die Bereitschaft voraus, unangenehmen Gefühlen auf den Grund zu gehen – auch wenn man vielleicht gerade mitten in diesem emotionalen Aufruhr steckt.

Die meisten Menschen erkennen emotionale Reaktionen an bestimmten Körpersignalen, lange bevor sie sie bewusst wahrnehmen. Daher wollen wir zunächst einmal herausfinden, wie Ihr Körper Sie darauf hinweist, dass Sie gerade emotional reagieren. Denn sobald Sie dieses Muster erkennen, können Sie es durchbrechen, bevor Ihre Reaktion so heftig wird, dass Sie nicht mehr dagegen ankommen.

ÜBUNG

Denken Sie an eine aktuelle oder vor Kurzem erlebte Situation, in der Sie emotional reagiert haben. Zeichnen Sie auf dieser Seite das Szenario, die Hauptakteure und das Umfeld.

Beschreiben Sie Ihre körperlichen Empfindungen während solcher Szenarien und markieren Sie die Körperregionen, in denen Sie sie spüren. Haben Sie ein Hitze- oder Kältegefühl? Fühlen manche Körperteile sich taub an? Wo spüren Sie eine Anspannung oder ein Kribbeln? Welche Teile Ihres Körpers fühlen sich feucht oder verschwitzt an?

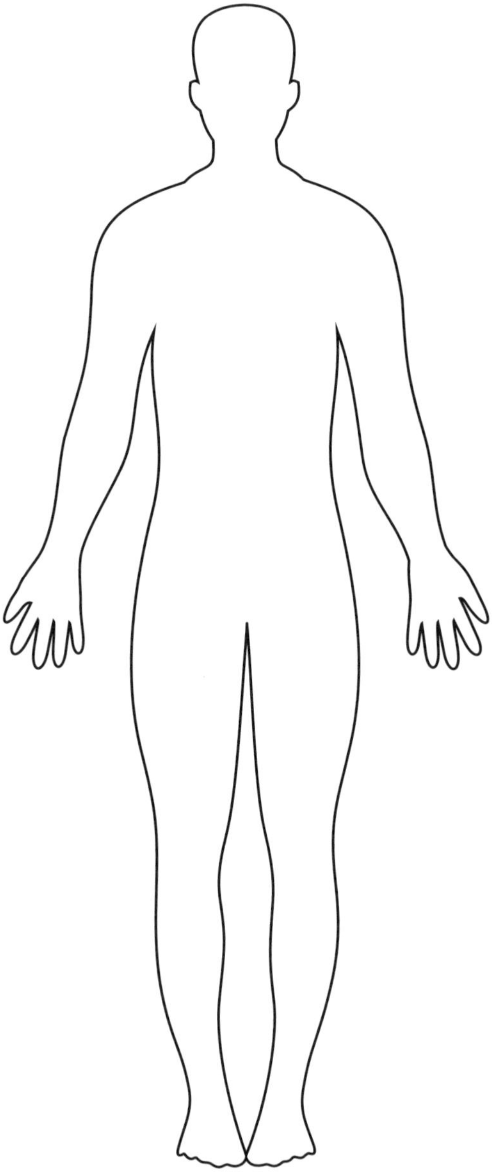

Unser Körper gibt uns die ersten Signale, die auf eine emotionale Reaktion hindeuten, oft schon lange bevor uns diese Reaktion bewusst wird. Wenn Sie auf diese Signale achten, können Sie besser mit Ihren Reaktionen umgehen und sich gezielt für eine Vorgehensweise entscheiden, die Sie später nicht bereuen werden.

Mit folgenden Signalen zeigt mein Körper mir, dass ich gerade in eine emotionale Reaktion verfalle:	

DISKUSSIONSPUNKTE

Wann und wo fällt es Ihnen am leichtesten, auf die Signale Ihres Körpers zu achten? Überlegen Sie sich einen geeigneten Ort und Zeitpunkt, um einmal täglich in sich hineinzuhören.

FÄHIGKEIT NR. 3

Emotionale Reaktionsmuster durchbrechen

ZIELE

- Verschiedene Selbstberuhigungstechniken einüben
- Diese Techniken bei heftigen emotionalen Reaktionen anwenden

Sobald wir wissen, welche emotionalen Reaktionen unser Körper anzeigt, können wir in solchen Situationen kurz innehalten und dann auf unterschiedliche Weise damit umgehen. Selbstberuhigungstechniken sind einfache Strategien, die wir schon als Kinder erlernen, um wieder ruhiger zu werden, wenn die Emotionen hochkochen.

Doch sobald wir älter werden, praktizieren wir diese Techniken normalerweise nicht mehr – auch dann nicht, wenn wir merken, dass wir gerade eifersüchtig, unsicher oder wütend sind oder in die Defensive gehen.

Nur allzu oft erwarten wir von unserem Partner hundertprozentige emotionale Unterstützung, wenn wir uns getriggert fühlen. Es ist zwar sehr schön, wenn der Partner sich in solchen Situationen liebevoll verhält und uns ein Gefühl der Verbundenheit vermittelt. Aber wir sollten uns auch selbst helfen können. Sonst verlassen wir uns womöglich zu sehr auf die Unterstützung unseres Partners oder setzen ihn zu stark unter Druck.

SELBSTBERUHIGUNGSTECHNIKEN

Es gibt verschiedene Möglichkeiten, sich selbst zu beruhigen. Der erste Schritt besteht darin, sich von der angstauslösenden Situation zu distanzieren. Vielleicht müssen Sie kurz zur Seite treten oder das Zimmer verlassen, um einer emotionalen Reaktion vorzubeugen, damit Sie nicht wieder in alte Muster verfallen. Danach praktizieren Sie eine der unten beschriebenen Selbstberuhigungstechniken, um körperlich und seelisch zur Ruhe zu kommen. Versuchen Sie herauszufinden, welche Techniken bei Ihnen am besten funktionieren.

Achtsames Atmen

Das sollte unsere erste Reaktion in jeder Krisensituation sein. Sie können sich diese Atemübung so vorstellen, wie wenn ein Rettungssanitäter an einem Unfallort auftaucht: Sie kann uns helfen, die akute Stresssituation durchzustehen. Genau wie der Sanitäter bringt sie uns an einen sicheren Ort, an dem wir das Problem in Ruhe angehen können.

Es gibt verschiedene Atemtechniken. Experimentieren Sie ruhig ein bisschen, um eine zu finden, die sich für Sie angenehm und beruhigend anfühlt. Eine beliebte Methode geht folgendermaßen:

1. Schließen Sie die Augen und atmen Sie ganz normal.
2. Stellen Sie sich Ihre Sorgen und Ängste oder Ihren Stress wie eine Giftwolke vor, die Sie umgibt.
3. Beginnen Sie damit, diese giftige Wolke der Angst einzuatmen.
4. So wie eine Pflanze Kohlendioxid aus der Luft aufnimmt, baut Ihr Körper das Gift ab, und Sie atmen reine, saubere Luft aus.
5. Wiederholen Sie diesen Vorgang so lange, bis Sie Ihre Umgebung von allen Ängsten »gereinigt« haben. Dann schlagen Sie die Augen wieder auf. Jetzt ist es um Sie herum wieder ruhiger geworden, die Giftwolke ist verschwunden.

Aufenthalt in der Natur

Wenn die Ängste uns gar keine Ruhe lassen, ist ein Spaziergang in der Natur besonders hilfreich: Das wirkt ungeheuer entspannend und baut Ängste und Sorgen schnell ab. Wissenschaftliche Untersuchungen beweisen, dass ein Aufenthalt in der Natur uns schlagartig beruhigt und sich positiv auf die seelische Gesundheit auswirkt. Bildgebende Untersuchungen des Gehirns haben sogar gezeigt, dass bei Spaziergängen in der Natur die Durchblutung in Hirnregionen abnimmt, in denen Ängste und negative Gedanken verarbeitet werden.

Wenn Sie also nervös oder innerlich angespannt sind, ziehen Sie Ihre Turnschuhe an und gehen Sie an die frische Luft!

Visualisierung

Stellen Sie sich den positiven Ausgang einer Situation genau vor. Visualisieren Sie, wie Ihr Leben aussehen wird, wenn Sie Ihre Eifersucht (oder irgendeine andere negative Emotion) überwunden haben – wie erleichtert Sie sich dann fühlen werden. Wer wird in dieser Situation bei Ihnen sein? Was könnte passieren? Was werden Sie hören, sehen, schmecken und riechen? Wie wird Ihr Körper sich anfühlen?

Nehmen Sie sich genügend Zeit, um diese Vision einer positiven Zukunft voll und ganz auszukosten. Je deutlicher Sie sie vor Ihrem inneren Auge sehen, umso besser.

Tagebuch

Laut wissenschaftlichen Untersuchungen wirkt sich das Führen eines Tagebuchs positiv auf die Gesundheit, Stressbewältigung und auf unser Glücksempfinden aus. Diese »Übung« ist außerdem nicht nur einfach, sondern macht auch Spaß. Durch Tagebuchschreiben können Sie Ihre Angstgefühle verarbeiten und Stress abbauen. Tun Sie jedoch nichts dagegen, können solche Ängste mit der Zeit zu Stress und schlechten Gedanken führen. Doch manche Ursachen Ihrer Angst lassen sich problemlos ausräumen, wenn Sie die Situation in Ruhe analysieren. Gewöhnen Sie sich also an, Tagebuch zu schreiben – einmal pro Tag, einmal pro Woche oder immer dann, wenn der Stress zu groß wird.

Manuelle Tätigkeiten

Manchmal muss man einfach etwas TUN, um seine Ängste loszuwerden. Manuelle Tätigkeiten wirken beruhigend, weil sie uns auf andere Gedanken bringen. Einfache mechanische Aufgaben können uns von Problemen ablenken und negative Gedankenkreisläufe durchbrechen.

Hier ein paar Anregungen dazu:

➜ stricken/häkeln

➜ ein Mandala oder ein anderes Muster/Bild ausmalen

➜ mit einem Handkreisel spielen

➜ ein Instrument spielen

➜ Gemüse für eine Mahlzeit klein schneiden

Eine Sinnesbox

Suchen Sie sich eine besonders hübsche Schachtel aus, die Ihnen gefällt (oder nehmen Sie einfach einen alten Schuhkarton), und füllen Sie sie mit beruhigend wirkenden Gegenständen. Bewahren Sie diese Sinnesbox zu Hause, im Auto oder an Ihrem Arbeitsplatz auf. Manche Leute stellen auch kleine Sets für unterwegs zusammen, die in ihre Tasche passen.

Hier ein paar Beispiele für schöne, beruhigende Gegenstände, die Sie in Ihre Sinnesbox packen können:

➜ eine Flasche mit duftendem ätherischem Öl

➜ Fotos, die angenehme Gefühle oder Erinnerungen wecken (Polaroids eignen sich sehr gut dafür)

➜ ein Lieblingsbuch

➜ Zubehör zum Malen oder Zeichnen

- ein Handkreisel oder intelligente Knete
- Weihrauchstäbchen oder eine Kerze

Seien Sie freundlich zu sich selbst

Gehen Sie liebevoll mit sich um. Das bedeutet, dass Sie sich Ihre Fehler eingestehen sollten, ohne sich zu stark damit zu identifizieren (zum Beispiel sollte man einen einfachen Fehler nicht als Charakterschwäche interpretieren). Und verfallen Sie auch nicht ins Katastrophisieren. (Übertreiben Sie also nicht das Negative an einer Situation oder malen Sie sich nicht das Schlimmste aus.) Denken Sie daran, dass Sie ständig dazulernen und sich weiterentwickeln. Sie sind belastbarer, als Sie glauben, also werden Sie auch diese Situation überstehen.

Überlegen Sie sich bei Bedarf Mantras, die Ihnen Kraft geben. Hier ein paar Beispiele:

- »Ich bin stärker, als ich denke.«
- »Ich lerne immer mehr dazu. Mit der Zeit werde ich das schon noch besser hinbekommen.«
- »Ich bin mehr als nur meine Gefühle.«
- »Das ist nur ein vorübergehendes Problem.«
- »Ich werde schon damit fertig.«
- »Ich werde mich in dieser Situation gut verhalten.«

ÜBUNG

Und nun wollen wir uns ein paar konkrete Möglichkeiten überlegen, wie Sie diese Fähigkeiten einsetzen können, wenn Sie sich getriggert fühlen oder in eine emotionale Reaktion verfallen.

Drei Selbstberuhigungsmethoden, die ich ausprobieren möchte, wenn ich wieder einmal zu emotional reagiere:	
Drei Möglichkeiten, wie mein Partner mich unterstützen kann, wenn ich Zeit brauche, um mich zu beruhigen:	

DISKUSSIONSPUNKTE

Nehmen Sie sich in dieser Woche ein bisschen Zeit, um die oben beschriebenen Selbstberuhigungstechniken auszuprobieren, und sprechen Sie dann mit Ihrem Partner darüber. Überlegen Sie, wie Sie sich dabei am besten gegenseitig helfen können.

FÄHIGKEIT NR. 4

Schluss mit kognitiven Verzerrungen!

ZIELE

- ➜ Sich der kognitiven Verzerrungen bewusst werden
- ➜ Lernen, solche Denkmuster zu verändern

Kognitive Verzerrungen sind irrationale Gedanken, die Ihre Gefühle beeinflussen. Jeder Mensch neigt zu anderen kognitiven Verzerrungen – das ist etwas ganz Normales und Menschliches. Werden diese zu extrem, können sie jedoch Schaden anrichten – vor allem, wenn man zu starr daran festhält oder zu oft in solche Denkmuster verfällt.

Eine sehr häufige kognitive Verzerrung ist das Katastrophisieren. (Das bedeutet, dass man Probleme überbewertet und/oder immer mit dem Schlimmsten rechnet.)

Wenn Sie lernen, Ihre Gedanken kritisch zu hinterfragen, können Sie viele dieser kognitiven Verzerrungen korrigieren.

WAS FÜR KOGNITIVE VERZERRUNGEN GIBT ES?

Im Folgenden sind ein paar besonders häufige kognitive Verzerrungen aufgeführt:

Gedankenlesen

Sie glauben zu wissen, was Ihre Mitmenschen denken, ohne Beweise oder Anhaltspunkte dafür zu haben. *»Er hält mich für einen Idioten.« »Sie nehmen mich bestimmt nicht in ihre Mannschaft auf.«*

Hellsehen

Sie gehen davon aus, die Zukunft voraussehen zu können. Und Sie rechnen damit, dass etwas Schlechtes passiert oder eine Gefahr droht. *»Wenn ich da hingehe, werden die Leute sich sowieso nur über mich lustig machen.« »Ich melde mich lieber gar nicht erst zu Wort, denn es wird mir bestimmt nicht gelingen, ihnen klarzumachen, was ich meine.«*

Negatives Schubladendenken

Sie schreiben sich und Ihren Mitmenschen immer nur negative Eigenschaften zu. *»Ich bin wirklich ein furchtbarer Mensch.« »Er ist ein Scheusal.« »Sie ist unwichtig.«*

Abwertung positiver Dinge

Sie gehen davon aus, dass die positiven Eigenschaften, die Sie oder andere Menschen haben, unbedeutend sind. *»Ich tue nur meine Pflicht, das ist doch nichts Besonderes.« »Das war nicht schwer zu erreichen, also ist es nicht der Rede wert.«*

Negative Sichtweise

Sie konzentrieren sich fast ausschließlich auf das Negative und nehmen nur selten die positiven Seiten einer Sache wahr. *»Es ist wirklich schlimm, was man jeden Tag in den Nachrichten hört.« »Mädchen sind immer so zickig.«*

Verallgemeinerungen

Sie rechnen aufgrund eines einzigen früheren Misserfolgs automatisch mit einem negativen Ausgang der Situation. *»Nie gelingt mir irgendetwas.« »Ich bin ein furchtbar schlechter Partner, niemand wird mich jemals lieben können.« »Onlinedating ist einfach nichts für mich.«* (Nach einem einzigen schlecht verlaufenen Date.)

»Alles oder nichts«-Denken

Sie sehen Menschen und Ereignisse aus einer *»Alles oder nichts«*- bzw. Schwarz-Weiß-Perspektive. *»Das war reine Zeitverschwendung.« »Alle Menschen lehnen mich ab.« »Nichts läuft so, wie ich will«.*

»Sollte«-Denken

Sie richten Ihr Augenmerk nicht auf das, was ist, sondern denken immer nur daran, wie die Dinge sein sollten. *»Ich sollte bei dieser Aufgabe gut abschneiden. Wenn mir das nicht gelingt, bin ich ein Versager.«*

Alles persönlich nehmen

Sie geben sich meistens selbst die Schuld an negativen Ereignissen und übersehen dabei, dass bestimmte Situationen auch von anderen Menschen verursacht werden. *»Meine Beziehung ist in die Brüche gegangen, weil ich zu langweilig war.« »Es war meine Schuld, dass meine Gruppe eine schlechte Note bekommen hat.«*

Schuldzuweisungen

Sie sehen die Ursache Ihrer negativen Gefühle in einem anderen Menschen und weigern sich, selbst die Verantwortung dafür zu übernehmen und sich zu ändern. *»Sie ist schuld daran, dass ich mich so hundeelend fühle.« »Alle meine Probleme sind auf meine Eltern zurückzuführen.« »Dass ich keinen Erfolg habe, liegt an meinem Lehrer.«*

Denken in Werturteilen

Sie bewerten sich selbst, andere Menschen und Ereignisse (gut oder schlecht, richtig oder falsch), statt einfach zu beschreiben, zu akzeptieren und zu verstehen. *»Ich habe nicht gut abgeschnitten.« »Ich habe es versucht, aber leider habe ich immer wieder alles falsch gemacht.« »Schau nur, wie gut ihr alles gelingt, ich bin längst nicht so erfolgreich wie sie.«*

Verpasste Chancen

Sie grübeln ständig darüber nach, was Sie in der Vergangenheit hätten besser machen können, statt sich zu überlegen, was Sie jetzt besser machen könnten. *»Hätte ich mich doch nur mehr angestrengt! Dann hätte ich heute bestimmt einen besseren Job.« »Ich hätte das nicht sagen sollen.« »Ich baue immer nur Mist.«*

Bedenken

Sie fragen sich immer wieder, was wohl wäre, wenn etwas Bestimmtes passiert, sind aber mit keiner der Antworten zufrieden. *»Ja, aber was ist, wenn ich dann in Panik gerate und keine Luft mehr bekomme?«*

Emotionale Beweisführung

Sie lassen sich bei der Interpretation der Realität von Ihren Gefühlen leiten. *»Ich bin traurig, also habe ich wohl eine Depression.« »Ich habe Angst, also muss ich in Gefahr sein.«*

Auf negativen Gedanken beharren

Sie lehnen alle Beweise oder Argumente ab, die Ihre negativen Gedanken widerlegen könnten. *»Ich bin kein liebenswerter Mensch. Meine Freunde kümmern sich nur aus Mitleid um mich.« »Ich bin ein schlechter Mensch. Ich helfe anderen Leuten nur deshalb, weil ich dann eine bessere Meinung von mir habe.«*

Unfaire Vergleiche

Sie interpretieren Ereignisse anhand unrealistischer Maßstäbe. *»Andere haben bei dem Test besser abgeschnitten als ich.« »Andere Leute in meinem Alter sind viel erfolgreicher als ich.«*

ÜBUNG

Vielleicht haben Sie einige dieser kognitiven Verzerrungen bei sich selbst entdeckt. Überlegen Sie, welche dieser verzerrten Denkmuster bei Ihnen am häufigsten vorkommen, und wählen Sie dann eines aus, das Sie in dieser Übung durcharbeiten möchten. Anschließend können Sie die Übung mit anderen kognitiven Verzerrungen wiederholen. Hinterfragen Sie Ihren unrealistischen Gedanken anhand der unten stehenden Denkanstöße.

Ich mache mir Sorgen darüber, dass ...	
Wie wahrscheinlich ist es, dass dieses Szenario eintritt? Belegen Sie Ihre Antwort anhand von früheren Erfahrungen oder sonstigen Beweisen.	

Was könnte schlimmstenfalls passieren, wenn meine Befürchtung sich bewahrheitet? Beschreiben Sie die Konsequenzen so genau wie möglich.

Was wird höchstwahrscheinlich passieren, wenn meine Befürchtung sich bewahrheitet?

Welchen Teil dieses Szenarios kann ich beeinflussen?

Was könnte ich konkret dagegen tun?	

DISKUSSIONSPUNKTE

Unterziehen Sie Ihre kognitiven Verzerrungen anhand folgender Fragen einem Realitätstest:

- ➜ Falls meine Befürchtung sich bewahrheiten sollte: Wie hoch stehen die Chancen, dass dann nächste Woche wieder alles gut ist? (Nennen Sie einen prozentualen Schätzwert.)
- ➜ Falls meine Befürchtung sich bewahrheiten sollte: Wie hoch stehen die Chancen, dass dann im nächsten Monat wieder alles gut ist? (Nennen Sie einen prozentualen Schätzwert.)
- ➜ Falls meine Befürchtung sich bewahrheiten sollte: Wie hoch stehen die Chancen, dass dann im nächsten Jahr wieder alles gut ist? (Nennen Sie einen prozentualen Schätzwert.)

FÄHIGKEIT NR. 5

Schwierige Gefühle mit gesundem Urteilsvermögen bewältigen

ZIELE

- Sinnvolle Gesprächsziele definieren
- Lernen, schwierige Gespräche in eine positive Richtung zu lenken
- Heikle oder spannungsgeladene Gespräche so einleiten, dass der Partner nicht in die Defensive geht

Oft stecken hinter unseren heftigen Eifersuchtsreaktionen einfach nur Geschichten, die wir uns selbst ausgedacht haben. Wir füllen Informationslücken mit unseren eigenen Vermutungen und interpretieren die Situation auf eine Weise, die uns nicht unbedingt weiterhilft.

Eine mitfühlende, kritische Analyse unserer inneren Dialoge kann uns (zumindest teilweise) die Kontrolle über die Situation zurückgeben, die wir durch eifersüchtige Reaktionen so häufig verlieren. Ich bezeichne das gern als »gesundes Urteilsvermögen«, weil wir dann mit klarem Kopf entscheiden können, wie wir handeln wollen, statt uns von unseren emotionalen Reaktionen beherrschen zu lassen.

ÜBUNG

Statt die negativen Gedanken einfach nur in Ihrem Kopf kreisen zu lassen, kann es sinnvoll sein, sie aufzuschreiben. Denn wenn man einen Gedanken zu Papier bringt, verliert er etwas von seiner Kraft.

Denken Sie an eine Situation zurück, in der Sie mit starken emotionalen Reaktionen zu kämpfen hatten. Beschreiben Sie diese Situation mitsamt der Vermutungen, von denen Sie damals ausgegangen sind. **Beispiel:** *Mein Partner ist bestimmt in seine neue Kollegin verknallt. Sicherlich erzählen sie sich viele Insiderwitze. Wahrscheinlich ist sie sehr amüsant, und er freut sich jeden Tag darauf, sie zu sehen. Ob er sie wohl attraktiver findet als mich? Wahrscheinlich verlässt er mich eines Tages wegen einer Frau, die so geistvoll und witzig ist wie sie.*	

Teilen Sie Ihre Ängste anhand Ihrer eigenen Eifersuchtsgeschichte in die unten stehenden Kategorien ein:

	BEISPIEL	IHRE GESCHICHTE
BEGRÜNDET	*Sicherlich erzählen sie sich viele Insiderwitze und sie ist sehr lustig.*	
UNBEGRÜNDET	*Wahrscheinlich verlässt er mich eines Tages wegen einer Frau, die so geistvoll und witzig ist wie sie.*	
NICHT SICHER	*Ob er sie wohl attraktiver findet als mich?*	
ZUTREFFEND	*Er freut sich jeden Tag darauf, sie zu sehen.*	
UNZUTREFFEND	*Wahrscheinlich gefalle ich ihm gar nicht mehr, weil er sie so toll findet.*	
NICHT SICHER	*Mein Partner ist bestimmt in seine neue Kollegin verknallt.*	

	BEISPIEL	IHRE GESCHICHTE
LOGISCH	*Sicherlich erzählen sie sich viele Insiderwitze. Wahrscheinlich ist sie sehr amüsant, und er freut sich jeden Tag darauf, sie zu sehen.*	
UNLOGISCH	*Mein Partner ist bestimmt in seine neue Kollegin verknallt. Ob er sie wohl attraktiver findet als mich? Wahrscheinlich verlässt er mich eines Tages wegen einer Frau, die so geistvoll und witzig ist wie sie.*	

Nun, da Sie mehr Klarheit darüber gewonnen haben, was für Geschichten Ihnen im Hinblick auf Ihre Beziehung im Kopf herumgehen, wollen wir uns überlegen, an welchen Punkten Sie etwas daran ändern können. Normalerweise lassen sich unsere Sorgen, Ängste und Bedenken in drei Kategorien einteilen: Dinge, die wir unter Kontrolle haben; Dinge, die wir beeinflussen können; und Dinge, die wir nicht unter Kontrolle haben. Tragen Sie in den unten stehenden Kreis ein, welche Aspekte Ihrer Geschichte in welche Kategorien fallen.

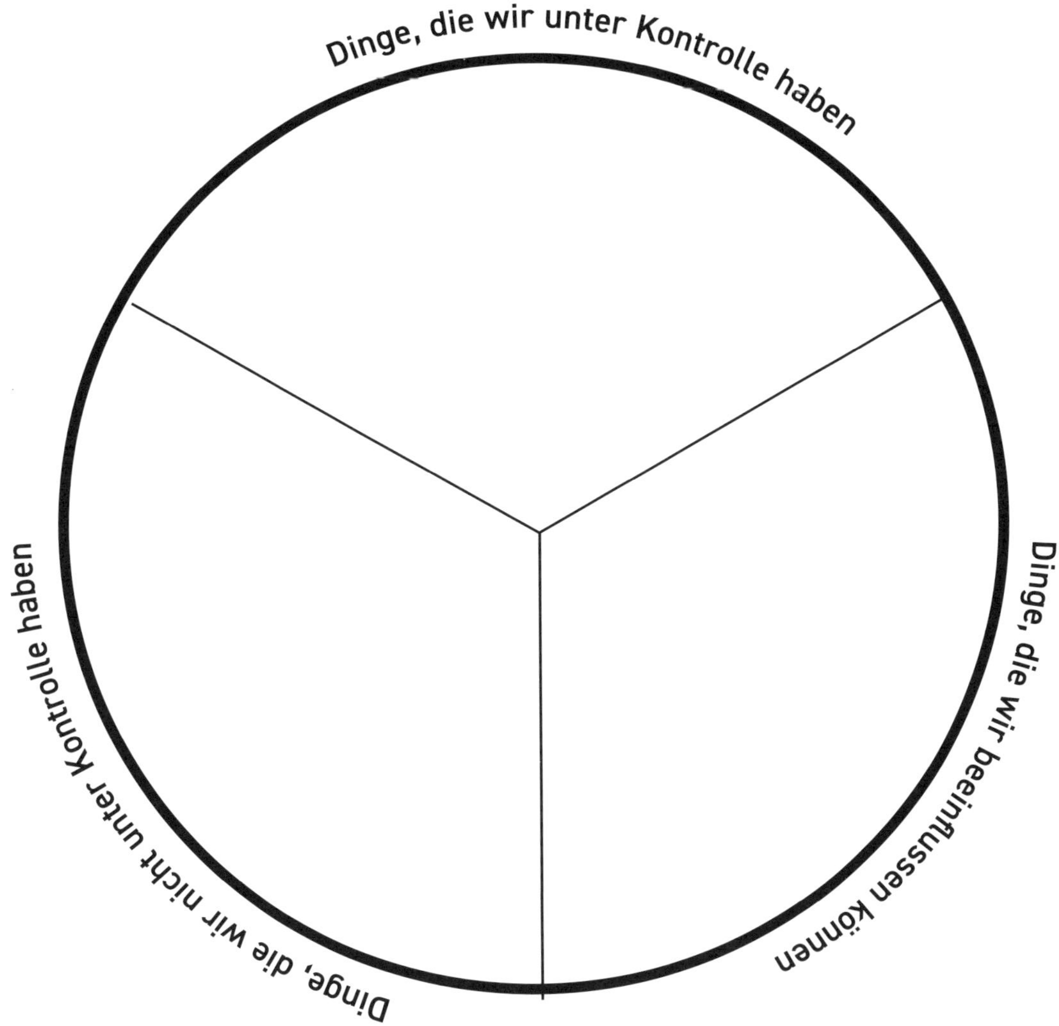

DISKUSSIONSPUNKTE

Denken Sie über Ihre Einträge in dem Kreis nach und stellen Sie sich dazu folgende Fragen:

- ➔ In welche Kategorie fallen die meisten Sorgen oder Geschichten, die Ihnen im Kopf herumgehen?
- ➔ Wie könnten Sie diese Probleme auf konstruktive Weise beeinflussen?
- ➔ Gibt es Sorgen, die sich Ihrer Kontrolle entziehen und von denen Sie sich gern befreien würden?
- ➔ Sagen Ihre Ängste Ihnen die Wahrheit?
- ➔ Haben Sie Ängste oder Sorgen, auf die Sie einwirken können?

2

MITEINANDER REDEN

ES GIBT Situationen in einer Beziehung, in denen das Gespräch mit dem Partner ganz leicht und mühelos läuft. Manchmal scheint die Kommunikation aber zu versiegen. Wir alle kennen solche Situationen, in denen wir in einem Konflikt festgefahren sind und das Gefühl haben, unseren Partner nicht richtig zu verstehen. In diesem Kapitel wollen wir die Fähigkeiten entwickeln, die man braucht, um Raum für Verletzlichkeit, Authentizität und sinnvolle gegenseitige Unterstützung zu schaffen.

FÄHIGKEIT NR. 6

Einen sicheren Raum für Verletzlichkeit schaffen

ZIELE

- Üben, einen sicheren Raum für Gespräche über Verletzlichkeit zu schaffen
- Von einer früheren Situation erzählen, in der Sie verletzt wurden
- Herausfinden, welche Faktoren Ihnen und Ihrem Partner ein Gefühl der Sicherheit geben

Ohne Verletzlichkeit können Menschen keine Intimität und Nähe zueinander aufbauen. Verletzlichkeit ist aber auch ein Risiko: Sie bedeutet, dass wir uns emotional entblößen und jemand anderem etwas Wichtiges über uns anvertrauen. Die meisten Menschen möchten nicht verletzt werden, sie versuchen, solche Gefühle entweder zu betäuben oder zu ignorieren. Trotzdem sind wir alle in irgendeinem Bereich unseres Lebens verletzlich. Paaren, die gut damit umgehen können, gelingt es leichter, Konflikte zu bewältigen.

FAKTOREN, DIE SICHERHEIT GEBEN

Um einen sicheren Raum für Augenblicke der Verletzlichkeit schaffen zu können, müssen wir uns zunächst einmal überlegen, welche Faktoren uns in solchen Situationen Sicherheit geben:

- **GRENZEN:** klarstellen, welche Verpflichtungen wir dem anderen gegenüber haben, und darauf vertrauen, dass beide Partner die Grenzen des anderen respektieren
- **WÄRME:** großmütig miteinander umgehen und sich gegenseitig einen Vertrauensvorschuss einräumen
- **WERTFREIHEIT:** sich kooperativ verhalten, statt Werturteile wie richtig oder falsch zu treffen
- **INTEGRITÄT:** Werte definieren und das Handeln danach ausrichten
- **SICHERHEIT:** Beziehungstraumata verstehen und erkennen, wie sie sich auf die aktuellen Bedürfnisse in einer Partnerschaft auswirken
- **ZUVERLÄSSIGKEIT UND VERANTWORTUNG:** gegebene Versprechen einhalten; einen Raum dafür schaffen, Fehler einzugestehen und dadurch entstandenen Schaden wiedergutzumachen

ÜBUNG

Denken Sie an zwei Situationen in Ihrem Leben zurück: eine, in der Sie sich jemand anderem gegenüber verletzlich gezeigt haben und alles gut ausging, und eine andere, in der das nicht so gut gelaufen ist.

A. Beschreiben Sie eine Erfahrung, in der Sie sich jemand anderem gegenüber verletzlich gezeigt haben und alles gut gelaufen ist.	
B. Beschreiben Sie eine Erfahrung, in der Sie sich jemand anderem gegenüber verletzlich gezeigt haben und die Situation nicht gut ausgegangen ist.	

Lesen Sie die auf der vorherigen Seite beschriebenen Situationen A und B noch einmal und denken Sie anhand folgender Fragen darüber nach, welche Faktoren Ihnen ein Gefühl der Sicherheit und Geborgenheit vermitteln.

Als alles gut gelaufen ist

- **SICHERHEIT:** Wie spüren Sie Sicherheit in Ihrem Körper? Mit welchem Verhalten hat die andere Person Sie in diesem Gefühl bestärkt?
- **GRENZEN:** Inwiefern hatten Sie und die andere Person klare Verpflichtungen und Grenzen miteinander vereinbart?
- **WÄRME:** Auf welche Weise haben Sie sich gegenseitig liebevolle Zuneigung und Großzügigkeit entgegengebracht?
- **WERTFREIHEIT:** Wie haben Sie und die andere Person im Umgang miteinander einen wertfreien Raum aufrechterhalten?
- **ZUVERLÄSSIGKEIT UND VERANTWORTUNG:** Wie sind Sie und die andere Person mit dem Thema Verantwortung umgegangen? Wie haben Sie beide Ihre Fehler zugegeben und sich gegenseitig bei der Wiedergutmachung zur Verantwortung gezogen, falls ein Schaden entstanden war?
- **INTEGRITÄT:** Welche Ihrer Werte waren in dieser Situation betroffen? Was hat Ihnen geholfen, im Einklang mit diesen Wertvorstellungen zu handeln?

Als es nicht so gut lief

- **SICHERHEIT:** Wie hat sich Ihre frühere Beziehungsgeschichte auf Ihr Verhalten und Ihre Interpretationen in dieser Situation ausgewirkt?
- **GRENZEN:** Was hätten Sie tun können, um Ihre eigenen Grenzen und/oder Verpflichtungen klarzustellen? Wie hätten Sie die andere Person um mehr Klarheit bitten können?

- **WÄRME:** Wo hätte einer von Ihnen beiden dem anderen einen Vertrauensvorschuss einräumen können?

- **WERTFREIHEIT:** Wo wurden Werturteile gefällt (richtig/falsch, gut/schlecht, zu viel/zu wenig)?

- **ZUVERLÄSSIGKEIT UND VERANTWORTUNG:** Welchen Beitrag haben Sie zu dem Problem geleistet? Wie könnten Sie sich in Zukunft selbst zur Verantwortung ziehen, wenn Sie etwas falsch gemacht haben? Wie würde eine Wiedergutmachung in dieser Situation aussehen?

- **INTEGRITÄT:** Welche Ihrer Werte waren in dieser Situation betroffen? Inwiefern haben Sie im Einklang mit diesen Wertvorstellungen gehandelt oder dagegen verstoßen?

DISKUSSIONSPUNKTE

Anhand der unten stehenden Fragen können Sie und Ihr Partner darüber nachdenken, inwiefern Verletzlichkeit und Sicherheit bei den Kommunikationsproblemen zwischen Ihnen eine Rolle spielen. Sie können Ihre Antworten entweder aufschreiben oder mündlich miteinander besprechen.

- Wie können Sie die Faktoren, die Ihnen in Ihren anderen Beziehungen mehr Sicherheit geben, nutzen, um Ihre Partnerschaft sicherer zu gestalten?
- Wie kann Ihr Partner Ihnen Wärme und Herzlichkeit entgegenbringen, während Sie dieses Buch durcharbeiten?
- Wie sollte Sicherheit aussehen, wenn Sie beide beim Durcharbeiten dieses Buchs in eine Situation geraten, in der Sie verletzlich sind?

FÄHIGKEIT NR. 7

Neugierig sein, statt Urteile zu fällen

ZIELE

- Sich darüber klar werden, welche Werturteile in Ihrer Partnerschaft eine Rolle spielen
- Die Bedürfnisse erkennen, die hinter oberflächlichen Werturteilen stecken

Werturteile trennen uns sehr schnell von den Menschen, denen wir eigentlich gern nahe sein möchten. Vielleicht verurteilen wir uns ja selbst und verderben dadurch unsere Chancen auf eine glückliche Beziehung. Oder wir neigen dazu, andere Menschen zu verurteilen, sodass es unserem Partner schwerfällt, sich uns gegenüber zu öffnen. In beiden Fällen zerstören Werturteile die Authentizität in einer Beziehung.

VERSCHIEDENE FORMEN VON WERTURTEILEN

Folgende vier Kategorien von Werturteilen kommen in Beziehungen besonders häufig vor:

MORAL (GUT/SCHLECHT): Anhand verschiedener Prinzipien wird zwischen gutem und schlechtem Verhalten unterschieden.

- ➔ »Zucker ist nicht gut für dich.«
- ➔ »Wenn er ein guter Mensch wäre, würde er ...«
- ➔ »Meine Vorgehensweise ist einfach besser.«

ETHIK (RICHTIG/FALSCH): Anhand von Wertvorstellungen wird bestimmt, welches Verhalten richtig und welches falsch ist.

- ➔ »Ich möchte dir zeigen, wie du richtig ...«
- ➔ »Die Wahrheit ist ...«
- ➔ »Du hast unrecht.«

MENGE (ZU VIEL/NICHT GENUG): Werturteile werden anhand von Mengenangaben gefällt:

- ➔ »Du bist zu empfindlich.«
- ➔ »Du liebst mich nicht genug, sonst würdest du ...«
- ➔ »Das ist doch keine so große Sache.«

VERGLEICHE: Der Istzustand wird mit einem Ideal verglichen.

- »Keiner meiner früheren Partner hatte ein Problem damit.«
- »Alle meine Freunde sind der gleichen Meinung wie ich.«
- »Warum kannst du nicht so sein wie ...«

ÜBUNG

Schreiben Sie Ihre Gedanken in die rechte Spalte der unten stehenden Tabelle, ohne sie nachträglich zu bearbeiten. Seien Sie dabei so ehrlich wie möglich und schreiben Sie so lange weiter, bis Sie das Gefühl haben, dass alles gesagt ist. Besprechen Sie diese spontanen, unreflektierten Werturteile oder Gedanken nicht mit Ihrem Partner.

Beschreiben Sie dann zu jedem Gedanken das entsprechende Gefühl (oder die entsprechenden Gefühle). Falls Sie Anregungen dazu brauchen sollten, lassen Sie sich von der Liste der Gefühle im Anhang dieses Buches (Seite 242) inspirieren. Vielleicht stellen Sie dabei fest, dass öfter die gleichen Gefühle in Ihnen aufsteigen, das ist völlig in Ordnung. Oder Ihnen kommen noch weitere Gedanken, wenn Sie Ihre Gefühle beschreiben, auch dagegen ist nichts einzuwenden.

	BEISPIEL	IHRE GESCHICHTE
GEDANKEN	***Du bist rücksichtslos.*** ***Diese Beziehung ist nicht mehr zu retten.*** ***Du hast etwas Besseres verdient.***	

GEFÜHLE	*wütend, frustriert, hoffnungslos*	
	hoffnungslos, traurig, einsam	
	beschämt, peinlich berührt, traurig, schuldig	

DISKUSSIONSPUNKTE

Manchmal sind Werturteile ein Zeichen dafür, dass wir uns über Grenzen oder die Übernahme von Verantwortung klar werden müssen. Was verraten Ihnen Ihre Gedanken und Gefühle aus der letzten Übung über Ihr Bedürfnis nach Grenzen?

Manchmal deuten Werturteile aber auch darauf hin, dass wir in einem bestimmten Lebensbereich Hilfe brauchen. Was sagen Ihre Überlegungen Ihnen darüber, welche Art von Hilfe Sie benötigen? Wie würde eine sinnvolle Unterstützung für Sie in dieser Situation aussehen?

FÄHIGKEIT NR. 8

Dankbarkeit üben, um die emotionale Beziehung zu stärken

ZIELE

- Das Rezept für mehr emotionale Intimität kennenlernen und in der Beziehung anwenden
- Die emotionale Beziehung zueinander durch eine tägliche gemeinsame Dankbarkeitsübung vertiefen

Emotionale Intimität ist etwas, wonach wir alle uns in einer Beziehung sehnen: das Gefühl, von einem anderen Menschen wirklich verstanden und geliebt zu werden – nicht trotz, sondern mitsamt unserer Unzulänglichkeiten. Ein tief empfundenes Wissen und Gefühl, dass jemand, der Ihnen wichtig ist, Sie genau versteht. Das ist wohl das Beste an einer Beziehung. Und es kommt sehr, sehr selten vor.

EMOTIONALE INTIMITÄT: EIN REZEPT MIT VIELEN ZUTATEN

Wie kann man sich in Dankbarkeit üben und die emotionale Intimität in einer Beziehung stärken? Dafür gibt es ein gutes Rezept. Es besteht aus folgenden Zutaten:

Persönliche Aussagen

- Sagen Sie dem anderen Ihre Meinung, Ihre Interpretation oder Ihre Gedanken.
- Beschreiben Sie Ihre persönlichen Wertvorstellungen und Gefühle.
- Machen Sie »Ich«-Aussagen.

Statt zu sagen: »An den Feiertagen ist man immer besonders gut gelaunt«, könnten Sie zum Beispiel persönlichere Worte wählen:

- »Ich bin immer so glücklich, wenn ich meinen Flug gebucht habe, um euch über die Feiertage zu besuchen.«
- »Ich freu mich immer so, wenn ich meine Koffer packe, um über Weihnachten zu euch zu fahren.«
- »Ich liebe Silvesterfeiern.«
- »Wenn ich dieses Lied höre, geht mir das Herz auf.«

Konkrete Aussagen

- Beschreiben Sie Ihre Beobachtungen so genau wie möglich.
- Erklären Sie, inwiefern Ihre Beobachtungen, Gedanken oder Verhaltensweisen speziell für diese Interaktion von Bedeutung sind.
- Nennen Sie die anderen beteiligten Personen und sprechen Sie über sie.

Beispiele für konkrete Aussagen:

- »Im Dezember bin ich immer so glücklich, denn ich fühle mich bei euch zu Hause willkommen.«
- »Tim und John veranstalten jedes Jahr meine Lieblingssilvesterparty.«
- »Das macht so viel Spaß, dass ich schon von unserem nächsten gemeinsamen Weihnachtsfest träume.«

Aussagekräftige Formulierungen

- Schmücken Sie Ihre Beobachtungen mit einer Interpretation oder Geschichte aus.
- Erklären Sie, warum bestimmte Dinge Ihnen wichtig sind.
- Veranschaulichen Sie Ihre Aussage mit einer Erinnerung.
- Sprechen Sie anderen Menschen offen Ihren Dank und Ihre Wertschätzung aus.

Beispiele für aussagekräftige Formulierungen:

- »Ich liebe hässliche Weihnachtspullover. Sie erinnern mich an meinen Vater – der hat immer solche Pullover getragen, als ich noch klein war.«
- »Ich freue mich schon darauf, dieses Jahr die traditionellen Weihnachtsplätzchen nach dem Rezept meiner Großmutter zu backen. Ich habe das früher immer so gerne mit ihr zusammen gemacht.«
- »Ich freue mich sehr darauf, an der diesjährigen Weihnachtsspendenaktion teilzunehmen. Etwas für andere Menschen zu tun, ist mir sehr wichtig.«

Gegenwartsbezug

- ➜ Sprechen Sie darüber, was Sie gerade denken, fühlen und beobachten.
- ➜ Reden Sie ruhig auch über Erinnerungen an Begebenheiten aus der Vergangenheit, aber schlagen Sie dabei stets einen Bogen zu dem, was jetzt gerade passiert.
- ➜ Wenn Ihre Gedanken in die Zukunft vorauseilen, verknüpfen Sie sie mit dem, was jetzt gerade geschieht.

Beispiele für Aussagen mit Gegenwartsbezug:

- ➜ »Der Witz, den du gerade erzählt hast, erinnert mich an meine Schwester. Ich denke so gern an ihren Humor und ihr Lachen.«
- ➜ »Wenn es schneit wie jetzt gerade, freue ich mich gleich darauf, wieder mit den Kindern Schlitten zu fahren.«
- ➜ »Ich finde es toll, wenn alle zusammen essen. Schade, wenn du nicht dabei bist.«

ÜBUNG

Nehmen Sie sich jeden Tag zehn Minuten Zeit, um anhand der unten stehenden Anregungen zusammen mit Ihrem Partner eine Dankbarkeitsübung zu machen, die Ihre emotionale Beziehung zueinander vertieft.

Wählen Sie für diese Übung eine der vielen Eigenschaften aus, die Sie an Ihrem Partner lieben und für die Sie dankbar sind. Schließen Sie kurz die Augen und spüren Sie den Gefühlen nach, die in Ihnen aufsteigen, wenn Sie an diese Eigenschaft Ihres Partners denken.

- ➜ Welche Gefühle haben Sie dabei?
- ➜ Wie fühlt sich diese Wertschätzung in Ihrem Körper an?
- ➜ Was bedeuten diese Überlegungen für Sie?

Nachdem Sie sich ein paar Minuten Zeit zum Nachdenken genommen haben, tauschen Sie sich mit Ihrem Partner über dieses Thema aus. Halten Sie sich dabei an folgenden Gesprächsleitfaden:

PARTNER A: »Von den vielen Eigenschaften, die ich an dir liebe, fällt mir eine zurzeit ganz besonders auf: ...«
PARTNER B: »Du meinst also, dass dir von den vielen Eigenschaften, die du an mir liebst, eine zurzeit ganz besonders auffällt, und zwar ...«
PARTNER A: »Wenn ich mir vorstelle, dass du (das, was ich oben beschrieben habe) tust, sehe ich ...«
PARTNER B: »Das heißt, wenn du dir vorstellst, dass ich (das, was du oben beschrieben hast) tue, siehst du ...«
PARTNER A: »Wenn ich an (das, was ich beschrieben habe) denke, fühle ich mich ...«
PARTNER B: »Also wenn du an (das, was du oben beschrieben hast) denkst, fühlst du dich ...«
PARTNER A: »Das (was ich oben beschrieben habe) bedeutet für mich ...«
PARTNER B: »Du meinst, dass das (was du oben beschrieben hast) für dich ... bedeutet.«

Anschließend tauschen Partner A und Partner B die Rollen.

Wenn Ihnen solche Dialogübungen Spaß machen, können Sie diese Erfahrung noch weiter vertiefen, indem Sie eine Imago-Paartherapie bei einem ausgebildeten Therapeuten ausprobieren.

DISKUSSIONSPUNKTE

Nehmen Sie sich vor, sich in den nächsten drei Tagen auf eine der vier »Zutaten« für mehr Intimität zu konzentrieren. Achten Sie darauf, in welchen Lebensbereichen Sie sich noch mehr um diese Zutat bemühen könnten: Versuchen Sie also, sich konkreter, persönlicher, aussagekräftiger oder gegenwartsbezogener auszudrücken. Was verändert sich, wenn Sie Ihre emotionale Beziehung zueinander auf diese Weise vertiefen?

FÄHIGKEIT NR. 9

Unlösbare Konflikte erkennen

ZIELE

- Die unlösbaren Probleme erkennen
- Lernen, diese Probleme beim Namen zu nennen, wenn sie auftauchen
- Mehr Mitgefühl entwickeln, indem Sie sich diese unlösbaren Probleme bewusst machen und akzeptieren, dass es sie gibt

Jedes Paar hat ein paar unlösbare Probleme. Doch wenn Paare diese Probleme erkennen, Differenzen akzeptieren und trotzdem immer weiter daran arbeiten, hat die Beziehung langfristig gute Chancen. Bei solchen Konflikten geht es oft um Themen wie Pünktlichkeit, vorausschauendes Handeln, Zeitplanung und Geldausgeben versus Sparen.

ÜBUNG

Wahrscheinlich ist Ihnen und Ihrem Partner bewusst, dass es in Ihrer Beziehung unlösbare Konflikte gibt – Unstimmigkeiten, die in Ihren Gesprächen immer wieder auftauchen. Nennen Sie drei bis fünf Ihrer häufigsten Konfliktthemen und denken Sie dann über folgende Fragen nach:

- Was verändert sich, wenn ich mir eingestehe, dass wir über diese Themen vielleicht nie einer Meinung sein werden?

- Wie könnten wir auf kooperative Weise mit unseren unterschiedlichen Lebensphilosophien oder Lebensformen umgehen, ohne uns gegenseitig ändern zu wollen?

Vielleicht werden das danach trotzdem noch Konfliktpunkte in Ihrer Beziehung sein. Doch wenn Sie akzeptieren, dass Sie anders mit diesen Problembereichen umgehen könnten als bisher, ist das zumindest ein guter Weg, um konfliktträchtige Gespräche auf ein Mindestmaß zu reduzieren.

Bevor Sie gemeinsam an diesen problematischen Themen arbeiten, sollten Sie zunächst einmal über die unten stehenden Fragen nachdenken. Denn es ist wichtig, sich vor dem Gespräch mit Ihrem Partner über Ihre eigenen Absichten, Ziele und Grenzen klar zu werden.

Welche Absicht verfolge ich mit dem Gespräch über dieses Thema? Wie kann mir dieses Gespräch weiterhelfen? Warum möchte ich dieses Gespräch führen?	

Welche Bedürfnisse versuche ich mir mit dem Gespräch über dieses Thema zu erfüllen? Welche Gefühle möchte ich dabei ansprechen?	
Bin ich wirklich in der Lage, die Gefühle meines Partners zu begreifen und zu berücksichtigen? Kann ich ihm richtig zuhören – auch wenn er andere Gedanken und Gefühle hat als ich?	
Wie würde eine erfolgreiche Lösung dieses Konflikts aussehen? Wie möchte ich mich nach diesem Gespräch fühlen? Und wie sollte mein Partner sich fühlen?	

Wie werde ich mit den Emotionen umgehen, die in mir aufsteigen, wenn dieses Gespräch sich zu einem Konflikt auswachsen sollte? Welche Grenzen müssen gesetzt sein, damit ich mich dabei sicher fühle? Wo kann ich Unterstützung bekommen, falls sich herausstellt, dass wir dieses Thema lieber erst mal getrennt voneinander bearbeiten sollten?

DISKUSSIONSPUNKTE

Wenn in Ihrer Beziehung das nächste Mal eines dieser unlösbaren Konfliktthemen auftaucht, stellen Sie sich zunächst einmal die Fragen aus der obigen Übung, bevor Sie mit Ihrem Partner darüber sprechen. Achten Sie darauf, was sich an der Situation verändert, wenn Sie sich vor diesem Gespräch über Ihre Absicht klar geworden sind.

FÄHIGKEIT NR. 10

Dem Partner einen Vertrauensvorschuss einräumen

ZIELE

- Die Fähigkeiten entwickeln, die Sie brauchen, um etwas an Ihrer Denkweise zu ändern
- Lernen, schwierige Gespräche in einem herzlichen, liebevollen Ton zu führen

Vertrauensvolle Beziehungen beruhen auf einem Fundament gegenseitigen Wohlwollens. Paaren, die ein solides Vertrauensverhältnis haben, fällt es leichter, einander bei Konflikten einen Vertrauensbonus einzuräumen, und deshalb überstehen sie solche Konfliktsituationen auch besser.

Je mehr Verständnis und Einfühlungsvermögen Sie füreinander aufbringen können, umso leichter fällt es Ihnen, die Sichtweise Ihres Partners zu begreifen, und umso größer ist Ihre Kooperationsbereitschaft.

Um sich jemand anderem gegenüber wohlwollend zu verhalten, muss einem Vertrauen wichtiger sein als seine eigenen Unsicherheiten oder Abneigungen. Das ist nicht einfach – und wir können auch nicht an alle Beziehungen mit dieser Einstellung herangehen. Es gibt durchaus Menschen, bei denen man mit seinem wohlwollenden Verständnis lieber vorsichtig sein sollte. Also seien Sie kritisch: Wer hat sich das Recht auf Ihr Vertrauen verdient?

ÜBUNG

Eines Morgens beim Aufwachen sagte mein Partner ziemlich barsch zu mir: »Steh auf und hilf mir mit den Kindern.« Ich hätte daraufhin sagen können: »Was ist los? Warum benimmst du dich plötzlich wie der letzte Idiot?«

Aber ich kenne mich gut genug und weiß, dass ich morgens nicht in besonders guter Stimmung bin, also nahm ich mir lieber erst mal eine Minute Zeit, um mich zu beruhigen. Und da fiel es mir wieder ein: Ich hatte vergessen, dass heute sein erster Tag an seinem neuen Arbeitsplatz war! Natürlich hatte er Angst, zu spät zu kommen. Dank dieser Einsicht und meines Verständnisses dafür veränderte sich meine Einstellung sofort: »Wahrscheinlich braucht er heute mehr Hilfe von mir als sonst. Ich an seiner Stelle wäre in dieser Situation auch nervös und hätte Angst, nicht schnell genug zur Arbeit zu kommen.«

Achten Sie einmal darauf, in welchen Situationen Sie das Verhalten Ihres Partners nicht liebevoll genug beurteilen. Rufen Sie sich ein konkretes Beispiel dafür in Erinnerung zurück und beschreiben Sie diesen Vorfall:

Zählen Sie fünf Möglichkeiten auf, wie Sie das Verhalten Ihres Partners stattdessen wohlwollender interpretieren könnten.

Beispiel: *»Vielleicht macht ihn dieses Gesprächsthema nervös.«*
»Er weiß wohl nicht, wie wichtig es für mich ist, dass er meine Meinung zu diesem Thema kennt.«

Wenn Sie versuchen, negative Interpretationen durch positive zu ersetzen, schaffen Sie mehr Spielraum für kreative und neue Lösungsansätze in zukünftigen Konfliktsituationen.

DISKUSSIONSPUNKTE

Denken Sie über die unten stehenden Fragen nach und versuchen Sie, schwierigen Gesprächen mithilfe dieser Denkanstöße eine andere Richtung zu geben.

- → Was wäre anders, wenn ich darauf vertrauen würde, dass mein Partner immer nur die besten Absichten verfolgt?
- → Was würde sich ändern, wenn ich es über mich bringen könnte zu glauben, dass er sein Bestes tut?

3

ZUHÖREN

AUCH WENN Sie sich noch so fleißig in anderen Kommunikationsfähigkeiten üben – ohne solides Fundament in der Kunst des Zuhörens werden Sie nicht weit kommen. Anhand der Übungen in diesem Kapitel können Sie dieses Talent ausbauen.

FÄHIGKEIT NR. 11

Emotionale Übereinstimmung herstellen

ZIELE

- Das Konzept der Übereinstimmung in emotional intimen Situationen verstehen
- Sich im respektvollen Umgang mit emotional intimen Situationen üben
- Strategien zur Setzung gesunder emotionaler Grenzen erlernen

Viele Klienten kommen völlig frustriert in meine Praxis, denn was auch immer sie versuchen, um ihrem Partner zu zeigen, dass sie ihm zuhören und ihn unterstützen, es gelingt ihnen einfach nicht, ihn davon zu überzeugen. Oft fühlt sich ein Partner alleingelassen, obwohl der andere hoch und heilig beteuert, ihn hundertzehnprozentig zu unterstützen.

»Ich will einfach nur, dass du mir zuhörst«, sagt der eine.

»Aber ich höre dir doch zu«, sagt der andere.

Es gibt viele Möglichkeiten, seinen Partner zu unterstützen oder ihn um Unterstützung zu bitten. Doch wenn wir uns nicht darüber im Klaren sind, welche Art von Unterstützung wir suchen, und wenn wir unseren Partner nicht fragen, was er eigentlich braucht, bevor wir etwas für ihn tun, sind Missverständnisse vorprogrammiert.

Ich bezeichne das als »Herstellung einer emotionalen Übereinstimmung«. Ich fordere meine Klienten immer auf, ihren Konsens zu überprüfen, bevor sie sich in eine Situation begeben, in der sie emotional verletzlich sind. Wenn wir das versäumen, missverstehen wir unseren Partner oft und bieten ihm dann auch nicht die richtige Unterstützung.

ÜBUNG

Bei dieser Übung geht es darum, gemeinsam mit Ihrem Partner emotionale Übereinstimmung zu erzielen und dann Klarheit über ein bestimmtes Thema zu schaffen.

Bevor Sie das Gespräch beginnen, sollten Sie zunächst einmal seine Bereitschaft dafür erfragen. Bei dem darauffolgenden Gedankenaustausch können Sie dann ein Thema, um das es Ihnen geht, besser beleuchten.

Einleitung des Gesprächs

Sie können zum Beispiel emotionale Übereinstimmung erzielen, indem Sie dem Partner erklären, warum Sie das Gespräch mit ihm suchen. Hier ein paar Beispiele dafür:

- »Ich brauche ein bisschen Verständnis/Bestätigung/Zuneigung/Hilfe bei der Lösung eines Problems. Hättest du heute Zeit, um mit mir über ________________________ zu sprechen?«
- »Zu welchem Zeitpunkt würde es dir passen, mit mir über ________________________ zu sprechen?«
- »Ich wünsche mir mehr ________________________ in meinem Leben. Vielleicht kannst du mir helfen herauszufinden, wie ich das schaffen könnte?«

Beschreiben Sie eine Möglichkeit, wie Sie diese Anregung in Ihrer Beziehung umsetzen könnten:	

Gedankenaustausch

Manchmal haben Sie vielleicht gar keine eindeutigen Absichten oder Bitten an Ihren Partner, sondern möchten ihm einfach nur ein paar Informationen geben. Das können Sie ihm folgendermaßen klarmachen:

- »Ich möchte einfach nur meinen Emotionen Luft machen und ein offenes Ohr dafür finden. Könntest du mir bitte nur zuhören und das, was ich sage, in deinen eigenen Worten wiedergeben, damit ich weiß, dass ich mich klar ausgedrückt habe?«

- »Ich habe ein bisschen Angst davor, dir das mitzuteilen, denn ich will nicht, dass ____________________, sondern ich möchte ____________________. Kannst du mir dabei helfen, indem du ____________________?«

- »Ich weiß, dass ich mehr ____________________ brauche.«

- »Wenn ____________________ passiert, fühle ich mich ____________________.«

- »Ich weiß, dass ich selbst einen Beitrag zu diesem Problem leiste, indem ich ____________________.«

Beschreiben Sie eine Möglichkeit, wie Sie diese Anregung in Ihrer Beziehung umsetzen könnten:

Zuhören und Zusammenfassen

Für denjenigen, der in diesem Gespräch die Rolle des Zuhörers spielt, ist es genauso wichtig zu wissen, was der Partner will. Hier ein paar Beispiele dafür, welchen Beitrag Sie als Zuhörer dazu leisten können:

- »Suchst du nach einer Lösung für ein Problem, oder brauchst du nur jemanden, der dir zuhört und ein bisschen Verständnis für dich hat?«
- »Ich möchte ganz sichergehen, dass ich dich richtig verstanden habe. Darf ich noch einmal wiederholen, was du gerade gesagt hast?«
- »Ich glaube, du willst damit Folgendes sagen: ______________________. Habe ich das richtig verstanden?«
- »Ich habe den Eindruck, dass du dich __________________ fühlst. Oder gibt es da noch etwas anderes?«
- »Wie kann ich dich heute dabei unterstützen?«
- »Könntest du das, was du gerade gesagt hast, noch einmal wiederholen? Ich möchte ganz sicher sein, dass ich alles richtig verstanden habe.«
- »Möchtest du sonst noch etwas sagen?«

Beschreiben Sie eine Möglichkeit, wie Sie diese Anregung in Ihrer Beziehung umsetzen könnten:	

DISKUSSIONSPUNKTE

Welches Gespräch würden Sie mit Ihrem Partner gerne führen? Überlegen Sie, was Sie sich von ihm erhoffen, wenn Sie dieses Thema ansprechen. Es ist völlig in Ordnung, dass Sie sich Unterstützung von Ihrem Schatz wünschen, aber Sie werden Ihr Ziel viel eher erreichen, wenn Sie ihn klar und deutlich um das bitten, was Sie von ihm wollen. Anregungen dafür, welche Unterstützung Ihr Partner Ihnen geben könnte, finden Sie in der Liste der Bedürfnisse im Anhang dieses Buches (Seite 243).

FÄHIGKEIT NR. 12

Emotionale Kompetenz entwickeln

ZIELE

- Emotionen benennen können
- Ein einfaches Spiel zur Klärung von Emotionen erlernen
- Den Partner besser kennenlernen

Sprechen wir mit einem Menschen, der uns etwas bedeutet, über unsere wahren Gefühle, begeben wir uns in eine besonders verletzliche Position. Und das ist auch gut so: Denn wenn wir uns in einer Partnerschaft verletzlich zeigen und mit Wärme und liebevoller Fürsorge aufeinander zugehen, vertiefen wir unsere emotionale Beziehung und bauen Vertrauen zueinander auf.

Doch ohne emotionale Kompetenz können wir uns auf dem Gebiet emotionaler Erfahrungen nicht gut bewegen, denn diese Kompetenz ist eine wichtige Voraussetzung für Empathie und psychische Resilienz.

Die meisten Menschen brauchen Hilfe bei der Erweiterung ihres emotionalen Vokabulars. So etwas wird uns in der Schule ja leider nicht beigebracht – auch wenn es so wichtig wäre. Wollen wir echte Nähe zu unserem Partner aufbauen, müssen wir uns also zunächst einmal in emotionaler Kompetenz üben.

ÜBUNG

1. Schneiden Sie ein Blatt Papier mit der Schere in 40 kleine Stücke.
2. Wählen Sie anhand der Liste der Gefühle im Anhang dieses Buches (Seite 242) aus jeder Kategorie – wütend, traurig, freudig, ängstlich – zehn verschiedene Emotionen aus. Schreiben Sie jede dieser Emotionen auf ein Stück Papier. Dann legen Sie alle Zettel zusammengefaltet in eine Schüssel oder ein Glas.
3. Nun ziehen Sie und Ihr Partner jeweils einen Zettel. Niemand darf verraten, welche Emotion darauf steht.
4. Rufen Sie sich eine Situation ins Gedächtnis zurück, in der Sie die Emotion, die auf Ihrem Zettel steht, empfunden haben. Malen Sie sich diese Situation klar und deutlich aus. Wo waren Sie damals? Mit wem waren Sie zusammen? Was haben Sie getan? Wie hat sich Ihr Körper angefühlt? Ihr Partner soll das Gleiche tun.
5. Beschreiben Sie Ihrem Partner diese Erinnerung, ohne ihm zu verraten, welche Emotion auf Ihrem Zettel steht. Fordern Sie ihn dann auf, die Emotion zu erraten.
6. Lassen Sie sich nicht entmutigen, wenn keiner von Ihnen auf Anhieb richtig rät. Nutzen Sie diese Übung einfach als Gelegenheit dazu, darüber nachzudenken, wie Sie beide unterschiedliche Emotionen erleben. Es gibt keine richtige Art und Weise, eine Emotion zu empfinden. Dieses Spiel dient lediglich dazu, Erinnerungen auszutauschen und Emotionen zu erraten, ohne sie in irgendeiner Weise zu beurteilen.

DISKUSSIONSPUNKTE

Wenn Sie Ihr emotionales Vokabular erweitern möchten, versuchen Sie es einmal mit folgender einfacher Übung: Beginnen Sie in dieser Woche jeden Tag damit, eine Emotion aus der Liste der Gefühle (Seite 242) auszuwählen. Achten Sie dann darauf, wann und wo diese Emotion im Lauf des Tages bei Ihnen oder anderen Menschen auftaucht.

FÄHIGKEIT NR. 13

Einen einfühlsamen Kommunikationsstil entwickeln

ZIELE

- Verstehen, wie wichtig Einfühlungsvermögen in einer Partnerschaft ist
- Üben, Dinge aus der Perspektive des Partners zu sehen
- Lernen, den Partner wertfrei in seinem Erleben und Empfinden zu bestätigen
- Sich stärker in die emotionale Erfahrungswelt des Partners hineinfühlen

Einfühlungsvermögen bedeutet, einem anderen Menschen mitfühlende Aufmerksamkeit entgegenzubringen, indem Sie entweder über seine Gefühle und Bedürfnisse nachdenken oder sie in Ihren eigenen Worten wiedergeben. Sie müssen nichts am Erleben Ihres Gesprächspartners verändern, sondern ihm einfach nur mit Wärme, Akzeptanz und Respekt begegnen.

Einfühlungsvermögen bedeutet auch, unangenehme Gefühle zuzulassen. Es kann eine echte Herausforderung sein, die Emotionen Ihres Partners mitzuerleben, ohne sich selbst die Schuld daran zu geben.

Einfühlsame Kommunikation besteht aus drei wichtigen Elementen:

- emotionale Verbundenheit: ein intensives Sich-Einlassen auf das emotionale Erleben der anderen Person
- Perspektivwechsel: sich bemühen, die Dinge mit den Augen des Partners zu sehen
- Bestätigung geben: die Erfahrung der anderen Person annehmen, ohne sie zu beurteilen

ÜBUNG

Sie können anderen Menschen leichter Einfühlungsvermögen entgegenbringen, wenn Sie dabei Ihren eigenen Gefühlen und Bedürfnissen treu bleiben. Jemand anderem Verständnis und Mitgefühl zu zeigen, bedeutet nicht, sich selbst aufzugeben. Sie müssen also nicht unbedingt seiner Meinung sein, sondern ihn einfach nur verstehen wollen.

Um Ihre eigenen Gefühle und Bedürfnisse besser zu erkennen, vergegenwärtigen Sie sich drei Situationen, die Sie vor Kurzem erlebt haben: eine, in der Sie nervös waren, eine, in der Sie glücklich waren, und eine, in der Sie traurig waren. Beantworten Sie sich dazu folgende Fragen:

Wann war ich das letzte Mal nervös? Wo war das? Wer war mit mir zusammen? Was habe ich mir damals gewünscht? Wie hat sich mein Körper angefühlt? Was war an dieser Erfahrung wichtig oder hatte eine besondere Bedeutung für mich?	

Wann war ich das letzte Mal glücklich? Wo war das? Wer war mit mir zusammen? Was habe ich mir damals gewünscht? Wie hat sich mein Körper gefühlt? Was war an dieser Erfahrung wichtig oder hatte eine besondere Bedeutung für mich?	
Wann war ich das letzte Mal traurig? Wo war das? Wer war mit mir zusammen? Was habe ich mir damals gewünscht? Wie hat sich mein Körper gefühlt? Was war an dieser Erfahrung wichtig oder hatte eine besondere Bedeutung für mich?	

Erzählen Sie einander die Geschichten für jede einzelne Emotion und wechseln Sie sich dabei mit Ihrem Partner ab. Immer wenn Sie die Rolle des Zuhörers übernehmen, üben Sie, Einfühlungsvermögen zu zeigen, indem Sie nur einen der folgenden Kommentare abgeben:

- »Ich kann mir vorstellen, dass du dich dabei ... gefühlt hast.«
- »Es hört sich so an, als ob ________________ dir sehr wichtig war.«
- »Ich kann verstehen, dass dir so zumute war, weil________________.«
- »Es ist verständlich, dass du ________________ gedacht/gefühlt hast.«
- »Das muss sich für dich ... angefühlt haben.«

DISKUSSIONSPUNKTE

Sie können Ihre Fähigkeit zum einfühlsamen Zuhören jeden Tag anhand einer einfachen Übung weiterentwickeln: Nehmen Sie sich vor, sich einmal täglich in einen bestimmten Menschen hineinzuversetzen, der in Ihrem Leben eine Rolle spielt. Stellen Sie sich diese Person in einer bestimmten Situation vor, die sie erlebt, und versuchen Sie zu erraten, was sie dabei gefühlt hat.

Falls es Ihnen angebracht erscheint, teilen Sie diesem Menschen mit, was Sie sich vorgestellt haben.

»Ich habe überlegt, was du wohl gestern in der Besprechung gesagt hast. Und ich habe mich gefragt, ob du dabei wohl das Gefühl hattest, dass ________________?« oder »Ich habe über unser gestriges Gespräch nachgedacht und mich gefragt, ob du dabei wohl den Eindruck hattest, dass ________________?«

Lassen Sie Ihr Gegenüber die Gefühle, die es in der betreffenden Situation hatte, genauer beschreiben und üben Sie sich im Zuhören. Anhand dieser Übung können Sie mehr darüber erfahren, wie die Menschen, die Ihnen wichtig sind, verschiedene Emotionen erleben.

FÄHIGKEIT NR. 14

Gedanken und Gefühle voneinander trennen

ZIELE

- Gedanken und Wahrnehmungen unterscheiden lernen
- Üben, Gedanken und Gefühle voneinander zu trennen

Zu unseren Gedanken gehören die Einstellungen, Überzeugungen, Ideen und Meinungen über uns und die Welt, die uns umgibt. Diese Gedanken wirken sich darauf aus, wie wir unsere Erfahrungen interpretieren – im Guten wie im Schlechten. Und diese Interpretationen sind unsere Wahrnehmungen oder das, was unserer Meinung nach um uns herum passiert.

In einer Beziehung ist es wichtig zu erkennen, dass unsere Wahrnehmung des Partners (auch wenn sie manchmal zutrifft) nicht unseren Gefühlen entspricht – und man sollte beides voneinander trennen. In der nun folgenden Übung werden Sie unterscheiden lernen, welche Wörter Wahrnehmungen und welche Wörter Gefühle ausdrücken. Auf diese Weise können Sie ein ausdrucksstarkes emotionales Vokabular entwickeln, um Ihre persönlichen Bedürfnisse zu beschreiben. Letztendlich entsteht dadurch ein wichtiges Fundament für die Paararbeit.

ÜBUNG

Erstellen Sie anhand der unten stehenden Tabelle eine Liste von Beobachtungen, die zu den beschriebenen Wahrnehmungen geführt haben könnten. Tragen Sie dann neben jeder Wahrnehmung ein oder zwei Gefühle ein, die die betreffende Wahrnehmung in Ihnen auslösen könnte. Orientieren Sie sich dabei an der Liste der Gefühle auf Seite 242.

Der Sinn dieser Übung besteht darin, Beobachtungen, Wahrnehmungen und Gefühle voneinander zu trennen, damit wir mit unserem Partner besser darüber reden können.

BEOBACHTUNG	WAHRNEHMUNG	GEFÜHL
Beispiel:* *Ich habe gesehen, wie du gelächelt hast, als du mit jemand anderem sprachst.	***hintergangen***	***unsicher***
	angegriffen	
	kritisiert	
	abgewiesen	
	nicht respektiert	
	nicht ernst genommen	
	verurteilt	
	ausgeschlossen	

BEOBACHTUNG	WAHRNEHMUNG	GEFÜHL
	manipuliert	
	vernachlässigt	
	bevormundet	
	unter Druck gesetzt	
	abgelehnt	
	unterdrückt	
	nicht gewürdigt	
	benutzt	

DISKUSSIONSPUNKTE

Üben Sie, Ihre Gedanken, Wahrnehmungen oder Interpretationen von Ihren Gefühlen zu trennen, indem Sie sie in Worten beschreiben. Welcher der unten stehenden Denkanstöße hilft Ihnen am meisten bei dieser Unterscheidung?

- »Wenn ich das zu interpretieren versuche, würde ich meinen …«
- »Ich erkläre mir das folgendermaßen: …«
- »Ich könnte mir dazu folgende Geschichte vorstellen: …«

FÄHIGKEIT NR. 15

Fragen stellen

ZIELE

- Üben, ein Gespräch anhand von Folgefragen zu vertiefen
- Mithilfe von Folgefragen besser zuhören lernen

Paare, die neugierig aufeinander bleiben – die mehr übereinander erfahren und sich gemeinsam weiterentwickeln möchten –, haben langfristig bessere Chancen für eine dauerhafte, glückliche Beziehung. Denn sie sind eher in der Lage, sich auf Veränderungen einzustellen und Hindernisse unbeschadet zu überwinden. Solche Paare bewahren sich auch leichter die Intimität und Leidenschaft in ihrer Beziehung.

Oft fühlen Paare sich in den ersten Wochen ihrer Beziehung eng miteinander verbunden (oder genauer gesagt: Sie sind fasziniert voneinander). Doch im Lauf der Jahre entsteht eine gewisse Vertrautheit (was auch gut ist), und die Neugier lässt nach.

Wir gewöhnen uns unsere Neugier auf den Partner einfach ab. Folgefragen sind ein gutes Mittel, um unser ursprüngliches Interesse am Partner wiederaufleben zu lassen.

ÜBUNG

Wie sehen sinnvolle Folgefragen aus? Wenn Ihr Partner seine Schwester erwähnt, könnten Sie zum Beispiel mit folgenden Fragen nachhaken:

- »Wenn du etwas an deiner Beziehung zu ihr ändern könntest – was sollte dann deiner Meinung nach anders werden?«
- »Inwiefern seid ihr euch beide ähnlich, und in welcher Hinsicht unterscheidet ihr euch voneinander?«

Überlegen Sie sich Folgefragen, um nähere Einzelheiten in Erfahrung zu bringen oder mehr in die Tiefe zu gehen. Sie können diese Fragen auch in einfache Aussagen kleiden, zum Beispiel folgendermaßen:

- »Erzähl mir mehr darüber. Ich möchte alle Details wissen.«
- »Das macht mich neugierig. Kannst du mir mehr darüber verraten?«
- »Ich wüsste gern, wie es dazu gekommen ist. Erzähl mir die ganze Geschichte.«

Und nun probieren Sie es einfach einmal aus: Überlegen Sie sich ein Thema, auf das Ihr Partner zu sprechen kommen könnte (Arbeit, Eltern, Geschwister, Hobbys usw.), und fertigen Sie eine Liste möglicher Folgefragen an, die Sie ihm dazu stellen können.

DISKUSSIONSPUNKTE

Verabreden Sie sich mit Ihrem Partner zu einem Gespräch und stellen Sie ihm dann Ihre Folgefragen. Achten Sie dabei darauf, bei welchen Fragen er gesprächig wird und vor welchen Sie zurückscheuen. Was können Sie daraus lernen?

4

FEHLER WIEDERGUTMACHEN UND VERANTWORTUNG ÜBERNEHMEN

Einer der häufigsten Stolpersteine für Paare in Konfliktsituationen besteht darin, dass sie nicht über das Stadium gegenseitiger Schuldzuweisungen hinauskommen. Sie verrennen sich in einer Sackgasse aus beiderseitigen Vorwürfen und kommen keinen Schritt weiter.

Doch zum Glück gibt es ein gutes Erfolgsrezept dagegen: nämlich die Verantwortung für Probleme bei sich selbst zu suchen.

FÄHIGKEIT NR. 16

Verantwortung übernehmen, statt dem Partner die Schuld zuzuschieben

ZIELE

- Erkennen, wann Sie und Ihr Partner in gegenseitige Schuldzuweisungen verfallen
- Im Konfliktfall Verantwortung übernehmen, statt den Partner zu beschuldigen

Ständige Schuldzuweisungen gehören zu den häufigsten Fehlern, mit denen wir unsere Beziehungen sabotieren. Damit machen wir entweder unserem Zorn Luft oder gehen in die Defensive – und legen uns selbst Steine in den Weg, denn dann sind wir nicht mehr in der Lage, uns in den geliebten Menschen hineinzufühlen und eine echte Verbindung zu ihm aufzubauen. Wenn Sie ein Gespräch mit Vorwürfen beginnen, wird Ihr Partner sich wahrscheinlich hinter einer Mauer der Abwehr verschanzen. Viele Paare verrennen sich in einer Pattsituation aus gegenseitigen Schuldzuweisungen und finden keinen Ausweg mehr aus dieser verfahrenen Situation.

PERSÖNLICHE VERANTWORTUNG

Das beste Gegenmittel gegen Schuldzuweisungen ist persönliche Verantwortung. Denn jede Beziehungsdynamik wird von beiden Partnern geschaffen. Wenn Sie bereit sind, die Verantwortung dafür zu übernehmen, erkennen Sie Ihren eigenen Beitrag am Konflikt an (auch wenn er noch so gering ist).

Wer sich weigert, diese Verantwortung zu übernehmen, verfällt unwillkürlich in Kritik und Schuldzuweisungen. Hier ein paar Beispiele dafür:

- »Wenn du auf mich gehört hättest, würden wir jetzt nicht in diesem Schlamassel stecken.«
- »Wie konntest du vergessen, den Mechaniker anzurufen? Ich kann mich nie darauf verlassen, dass du etwas tust.«
- »Du treibst mich noch in den Wahnsinn.«
- »Das ist alles deine Schuld.«

Formuliert man diese Sätze aus einer Perspektive der persönlichen Verantwortung, hören Sie sich gleich ganz anders an:

- »Ich hätte auf meinem ursprünglichen Vorschlag beharren sollen. Leider war ich zu schnell zu einem Kompromiss bereit. Wenn ich konsequenter gewesen wäre, würden wir jetzt nicht in diesem Schlamassel stecken.«
- »Ich bin echt enttäuscht, dass du das nicht erledigt hast. Kann ich mich darauf verlassen, dass du heute dort anrufst, oder soll ich das tun?«
- »Ich habe das Gefühl, dass mir das gerade zu viel wird. Ich glaube, ich brauche eine kleine Auszeit. Können wir dieses Gespräch später fortsetzen?«
- »Mich trifft auch ein Teil der Schuld. Aber ich möchte, dass auch du ein bisschen Verantwortung dafür übernimmst.«

ÜBUNG

Wenn Sie sich nicht fragen, was Sie selbst zu dem Konflikt mit Ihrem Partner beigetragen haben, sind Sie in Ihren Gesprächen mit ihm nicht mutig genug – und belügen sich gleichzeitig selbst.

Zwar haben viele Menschen genau das entgegengesetzte Problem: Sie schreiben sich selbst eher zu viel Verantwortung für Dinge zu, an denen sie eigentlich gar nicht schuld sind. Trotzdem ist es eine Tatsache, dass an jedem Konflikt beide Parteien beteiligt sind.

Manchmal ist Ihr Anteil an dem Konflikt etwas ganz Banales: zum Beispiel, dass Sie dem Partner nicht offen Ihre Meinung gesagt oder ihm keine Fragen gestellt haben. Vielleicht haben Sie aber auch einen größeren Fehler begangen: Womöglich neigen Sie dazu, ihm Vorwürfe zu machen oder ihn anzuschreien, übernehmen nie die Verantwortung für ein Problem, respektieren seine Grenzen nicht oder projizieren Ihre Unsicherheiten auf ihn.

Denken Sie an einen Konflikt zurück, den Sie vor Kurzem mit Ihrem Partner erlebt haben, und überlegen Sie, wofür Sie ihm die Schuld gegeben haben. Als Nächstes listen Sie drei Dinge auf, die Sie selbst zu diesem Problem beigetragen haben (Sie übernehmen also persönlich die Verantwortung für den Konflikt).

Schuldzuweisung **Beispiel:** *Meinem Partner ist unser Zuhause nicht wichtig genug, sonst würde er die Hälfte der Hausarbeit erledigen.*	

Persönliche Verantwortung	
Beispiel: *Meiner Meinung nach erledigt mein Partner weniger als die Hälfte unserer Hausarbeit. Vielleicht sollte ich mal mit ihm darüber reden, bei welchen Arbeiten ich mehr Unterstützung von ihm erwarte.*	

DISKUSSIONSPUNKTE

In Konfliktsituationen verfallen wir leicht in Extreme: Entweder wir geben uns selbst die ganze Schuld an einem Problem, oder wir drücken uns um unsere persönliche Verantwortung.

Wenn die Übernahme von Verantwortung einhergeht mit Mitgefühl, wirkt dies Gefühlen wie Scham und Isolation entgegen, es entsteht eine tiefere Verbundenheit in Ihrer Beziehung und beide Partner haben die Möglichkeit, sich weiterzuentwickeln. Freundlich zu sich selbst zu sein, bedeutet nicht, dass Sie sich von der Verantwortung für Fehlverhalten freisprechen. Ganz im Gegenteil: Vielmehr können Sie zu Ihren Fehlern stehen und sich selbst trotzdem lieben. Denken Sie einmal über folgende Frage nach:

➜ Wie kann ich mich freundlich und mitfühlend zur Verantwortung ziehen?

FÄHIGKEIT NR. 17

Den Konfliktteufelskreis durchschauen

ZIELE

- Sich über wichtige Gesprächsziele klar werden
- Die Fähigkeit entwickeln, in schwierigen Gesprächen auf ein positives Ergebnis hinzuarbeiten
- Lernen, wie man heikle oder konfliktträchtige Themen zur Sprache bringt, ohne den Partner in die Defensive zu treiben

Paare verrennen sich oft in wiederkehrenden Mustern aus negativen Verhaltensweisen, Gedanken und Gefühlen, die ihnen Kummer bereiten. Der eine Partner reagiert auf die Reaktionen des anderen und umgekehrt; auf diese Weise drehen beide sich ständig im Kreis.

Das kann sich wie eine Art Tanz anfühlen, bei dem jeder Schritt vorhersehbar ist. Doch wenn Ihnen klar wird, welchen Beitrag Sie selbst zu dieser Choreografie leisten, können Sie das Muster leichter durchbrechen und verändern. Die Befreiung aus diesem Konfliktteufelskreises ist der erste Schritt, der Sie aus diesem Elend herausführt.

WIR KOMMEN NICHT MITEINANDER AUS

Kreuzen Sie alle Aussagen an, die beschreiben, wie Sie sich fühlen oder was Sie tun, wenn Sie und Ihr Partner sich streiten oder uneinig sind. Dann gehen Sie die Liste noch einmal durch und kreisen die wichtigsten Punkte ein.

WAS TUE ICH?

- ☐ Ich lasse meinem Partner keine Ruhe.
- ☐ Ich gehe Konflikten aus dem Weg.
- ☐ Ich verhalte mich kalt oder distanziert.
- ☐ Ich klinke mich aus.
- ☐ Ich mache meinem Partner Vorwürfe.
- ☐ Ich »mache dicht«.
- ☐ Ich kritisiere meinen Partner.
- ☐ Ich verteidige mich.
- ☐ Ich werde still.
- ☐ Ich werde laut.
- ☐ Ich ergreife die Flucht.
- ☐ Ich werde sarkastisch.
- ☐ Ich gehe.
- ☐ Ich rede mit anderen Leuten über meinen Partner.
- ☐ Ich ziehe mich zurück.
- ☐ Ich betäube meine Gefühle.
- ☐ Ich mache Witze.

WIE FÜHLT MEIN KÖRPER SICH AN?

- ☐ Ich habe ein Druckgefühl in der Brust.
- ☐ Mein Puls rast.
- ☐ Meine Hände sind feucht.
- ☐ Ich habe ein flaues Gefühl im Magen.
- ☐ Ich habe einen Kloß im Hals.
- ☐ Meine Schultern verspannen sich.
- ☐ Mir wird heiß.
- ☐ Mir wird kalt.
- ☐ Ich fühle mich wie benommen oder mir ist schwindelig.
- ☐ Ich fühle mich kribbelig.
- ☐ Mir wird schlecht.
- ☐ Mir tut alles weh.
- ☐ Ich bin schlapp und energielos.
- ☐ Ich fühle mich wie betäubt.
- ☐ Ich bin angespannt.

WAS EMPFINDE ICH?

- ☐ Ich habe Angst.
- ☐ Ich fühle mich einsam.
- ☐ Ich bin wütend.
- ☐ Ich fühle mich innerlich leer.
- ☐ Ich bin traurig.
- ☐ Ich bin frustriert.
- ☐ Ich habe das Gefühl, dass zu viele Emotionen auf mich einstürmen.
- ☐ Ich habe das Gefühl, vorsichtig sein zu müssen.
- ☐ Ich fühle mich überfordert.
- ☐ Ich bin nervös.
- ☐ Ich bin verwirrt.
- ☐ Ich habe Schuldgefühle.
- ☐ Ich spüre Hoffnungslosigkeit.
- ☐ Ich bin unsicher.
- ☐ Ich fühle mich eingeschüchtert.
- ☐ Ich bin enttäuscht.
- ☐ Ich ärgere mich.
- ☐ Ich fühle mich wie betäubt.
- ☐ Ich habe Angst.
- ☐ Ich bin eifersüchtig.
- ☐ Ich mache mir Sorgen.

WAS DENKE ICH?

- ☐ Ich bin verletzt.
- ☐ Er/sie macht mir Vorwürfe.
- ☐ Er/sie lehnt mich ab.
- ☐ Er/sie versucht, mir seinen/ihren Willen aufzuzwingen.
- ☐ Er/sie hat mich im Stich gelassen.
- ☐ Er/sie hat mich enttäuscht.
- ☐ Immer ist alles meine Schuld.
- ☐ Ich fühle mich abgewertet.
- ☐ Er/sie schließt mich aus.

- ☐ Er/sie hält mich für unattraktiv.
- ☐ Ich bin für ihn/sie unwichtig.
- ☐ Ich bin hier unerwünscht.
- ☐ Ich werde verurteilt.
- ☐ Ich werde nicht respektiert.
- ☐ Ich bin nicht liebenswert.
- ☐ Ich bin ein Versager.
- ☐ Ich möchte es ihm/ihr heimzahlen.

ÜBUNG

Diese Übung soll Ihnen helfen, Ihre negativen Konfliktteufelskreise zu erkennen. Werden Sie sich anhand der Liste auf der vorherigen Seite zunächst über Ihr Verhalten in Konfliktsituationen bewusst und beantworten Sie sich dann folgende Fragen:

Mein Partner reagiert oft auf mich, indem er (beschreiben Sie sein Verhalten) … Beispiel: *Mein Partner hackt immer wieder auf den gleichen Dingen herum. Mein Partner zieht sich in sein Schneckenhaus zurück, statt gemeinsam mit mir an unseren Problemen zu arbeiten.*	
Wenn mein Partner so reagiert, habe ich das Gefühl …	

Wenn mir so zumute ist, sehe ich mich selbst als ...	
Wenn ich mich so fühle, sehne ich mich nach ... oder brauche ich ...	
Wenn ich so reagiere, fühlt mein Partner sich wahrscheinlich ...	

Zeichnen Sie den Teufelskreis, der sich bei Ihnen beiden am häufigsten wiederholt, in Form eines Flussdiagramms auf. (Schreiben Sie in die Kreise hinein, wie Sie und Ihr Partner die Gefühle, Gedanken und Verhaltensweisen des jeweils anderen auslösen).

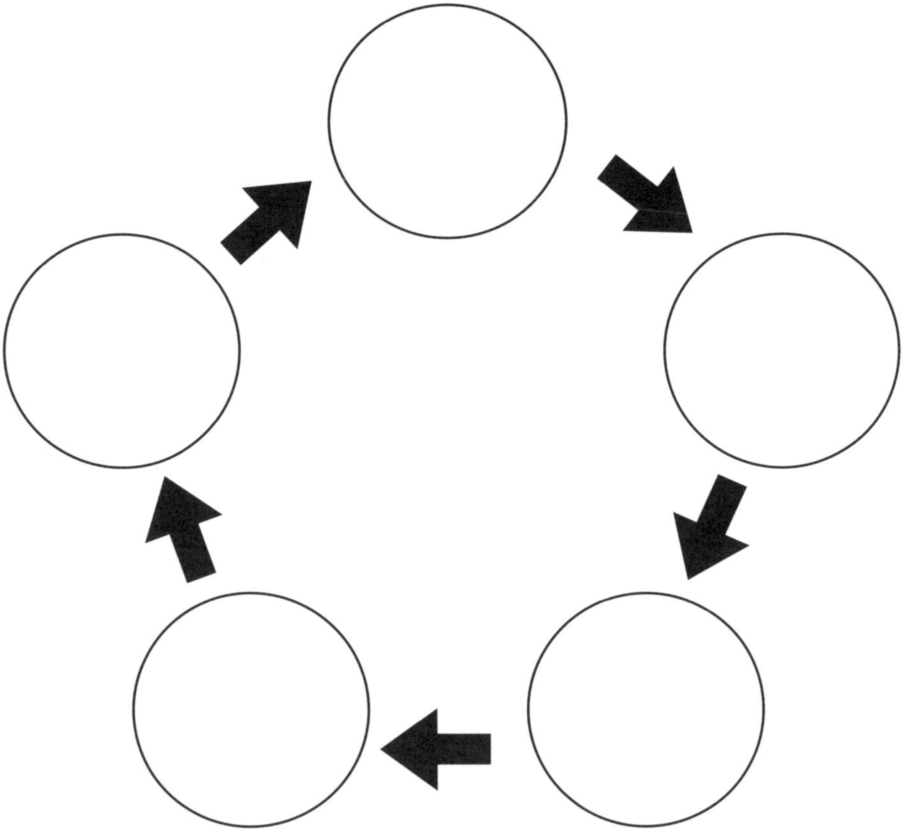

DISKUSSIONSPUNKTE

Besprechen Sie das Diagramm mit Ihrem Partner. Inwiefern ähneln sich Ihre beiden Diagramme? Wo gibt es einen Punkt, an dem Sie diese Dynamik durchbrechen könnten?

FÄHIGKEIT NR. 18

Missverständnisse ausräumen

ZIELE

- Sich über wichtige Gesprächsziele klar werden
- Die Wahrscheinlichkeit erhöhen, dass schwierige Gespräche zu einem positiven Abschluss kommen
- Lernen, heikle oder konfliktträchtige Themen zur Sprache zu bringen, ohne den Partner in die Defensive zu treiben

Einer der besten Wege zum Aufbau einer starken, gesunden Partnerschaft besteht darin, dass beide Partner die Verantwortung für ihre Beziehung übernehmen und dabei mitfühlend miteinander umgehen. Das bedeutet, dass wir uns gegenseitig unsere Fehler eingestehen und sie gemeinsam zu überwinden versuchen.

Dazu müssen wir (nachdem wir Zeit hatten, unseren Konflikt zu verarbeiten, darüber nachzudenken oder uns zu beruhigen) noch einmal zu dem Gespräch zurückkehren, in dem wir uns falsch verhalten haben. Wir müssen auf unser Gegenüber zugehen und offen eingestehen, wie wir ihm mit unserem Verhalten geschadet haben, ohne uns rechtfertigen zu wollen.

Wenn Sie glauben, die Chance für ein solches Gespräch mit Ihrem Partner versäumt zu haben – keine Sorge: Für die Lösung eines Konflikts ist es nie zu spät. Sie müssen ihm nur sagen: »Du hast da gestern ein sehr wichtiges Thema angesprochen. Können wir heute noch einmal versuchen, darüber zu reden?« Wenn Sie in solchen Situationen die Initiative ergreifen, statt das klärende Gespräch aufzuschieben oder ihm aus dem Weg zu gehen, wird daraus mit sehr viel größerer Wahrscheinlichkeit eine positive Erfahrung für Sie beide.

ÜBUNG

Meine Mentorin, die Forscherin Brené Brown, sagt: »In einem schwierigen Gespräch eine Pause einzulegen, gibt uns die Möglichkeit, nochmals auf ein schwieriges Thema zurückzukommen, nachdem wir das Gespräch oder die Interaktion verarbeiten konnten. Unterbrechen Sie mit Sätzen wie *›Darüber muss ich erst nachdenken‹, ›Können wir uns in einer Stunde noch einmal zusammensetzen?‹«*

Wenn Sie in einem schwierigen Gespräch in die Defensive geraten oder ganz einfach mehr Zeit zum Nachdenken brauchen, ist es sinnvoll, um eine kleine Auszeit zu bitten und die Diskussion anschließend wieder aufzugreifen. Damit signalisieren Sie Ihrem Gesprächspartner, dass Sie gründlich über das Thema nachdenken möchten, statt ihn einfach nur vorschnell beschwichtigen oder seine Argumente als irrelevant abtun zu wollen. *»Ich glaube, ich brauche eine kleine Auszeit. Können wir uns in ein paar Stunden noch mal zusammensetzen und unser Gespräch zu Ende führen?«*

Schreiben Sie dann auf, mit welchen Worten Sie dieses Folgegespräch einleiten möchten.

DISKUSSIONSPUNKTE

Planen Sie in dieser Woche einen Termin ein, um mit Ihrem Partner ein wichtiges Gespräch noch einmal aufzugreifen.

FÄHIGKEIT NR. 19

Sich auf überzeugende Weise entschuldigen

ZIELE

- Sich in der Formulierung konstruktiver Entschuldigungen üben
- Ihre Konfliktlösungsfähigkeiten verbessern
- Ein Muster für klar formulierte Entschuldigungen in Ihrer Beziehung schaffen

Sich bei seinem Partner zu entschuldigen, ist aus fünf verschiedenen Gründen wichtig:

1. Eine ehrliche, glaubwürdige Entschuldigung stärkt die Grenzen in einer Beziehung. Wenn Sie sich dafür entschuldigen, Ihren Partner verletzt zu haben, weiß er, dass Sie seine Grenzen kennen und diese in Zukunft respektieren werden.
2. Eine authentische Entschuldigung kann dem gekränkten Partner seine Würde zurückgeben.
3. Außerdem zeigen Sie ihm damit, dass Sie nicht stolz auf Ihr Verhalten sind und es nicht wiederholen werden.
4. Die Verantwortung für Ihr Handeln zu übernehmen, zeugt von emotionaler Reife und kann Ihnen außerdem bei der Überwindung von Schuldgefühlen helfen, wenn Sie jemanden verletzt haben.
5. Eine Entschuldigung ist der erste Schritt zur Wiedergutmachung des angerichteten Schadens.

ÜBUNG

Obwohl Entschuldigungen für eine gesunde Beziehung unverzichtbar sind, fühlen wir uns oft so sehr von unseren Schuldgefühlen geplagt, dass es uns nicht gelingt, eine vernünftige Entschuldigung zu formulieren. Außerdem haben wir manchmal das Gefühl, mit dem begangenen Fehlverhalten gleichzeitig einen Charakterfehler einzugestehen.

Rufen Sie sich für diese Übung zunächst ein paar Verhaltensweisen ins Gedächtnis zurück, die Ihren Partner verärgert haben könnten. Als Nächstes wählen Sie ein Fehlverhalten aus, auf das Sie sich in dieser Übung konzentrieren möchten.

Beschreiben Sie die Situation. **Beispiel:** *Ich habe meine Freundin im Auto angeschrien.*	
Fragen Sie sich: In welcher Hoffnung oder Absicht habe ich das getan? Welche Reaktion habe ich erwartet? **Beispiel:** *Ich bin laut geworden, weil sie mir nie zuhört. Sie sollte mit dem, was sie gerade tat, aufhören.*	

Wie haben Sie sich in dieser Situation verhalten? Beschreiben Sie Ihren Tonfall, Ihre Gestik oder Ihre Worte. **Beispiel:** *Ich habe meine Stimme erhoben und mit der Hand auf das Armaturenbrett geschlagen.*	
Was glauben Sie, wie sich das auf Ihre Partnerin ausgewirkt hat? Beispiel (direkte/ sichtbare Auswirkung): *Vielleicht habe ich ihr Auto dadurch beschädigt.* **Beispiel** (indirekte/ unsichtbare Auswirkung): *Sie hat wahrscheinlich Angst bekommen oder sich überfordert gefühlt.*	

Was würden Sie beim nächsten Mal in so einer Situation anders machen? Welchen Vorsatz könnten Sie fassen, um Ihr Verhalten in Zukunft zu ändern? (Bitte nur realistische Vorsätze beschreiben.)

Beispiel: *Ich hätte mit meiner Reaktion lieber warten sollen, bis wir zu Hause sind. Ich werde in Zukunft keine konfliktträchtigen Themen mehr ansprechen, wenn sie am Steuer sitzt.*

WIE SOLLTE EINE ÜBERZEUGENDE ENTSCHULDIGUNG AUSSEHEN?

Wie können wir Entschuldigungen so formulieren, dass sie uns dem Partner näher bringen, ohne dass wir uns schlechter fühlen als vorher? Die Beantwortung der Fragen in der vorherigen Übung hat Ihnen eigentlich schon alle wichtigen Elemente für Ihre Entschuldigung geliefert. Eine überzeugende Entschuldigung besteht aus fünf Schritten:

1. **VERZICHTEN SIE AUF ERKLÄRUNGEN UND RECHTFERTIGUNGEN.** Eine aussagekräftige Entschuldigung sollte sich zunächst einmal auf die andere Person konzentrieren.

2. **BESCHREIBEN SIE IHR FEHLVERHALTEN UND BEKENNEN SIE SICH DAZU.** Benennen Sie zunächst die konkreten Verhaltensweisen, die zu dem Problem beigetragen haben. Zu jedem Konflikt leisten beide Parteien einen Beitrag; also werden sich wahrscheinlich beide entschuldigen müssen. Konzentrieren Sie sich zunächst auf Ihren eigenen Beitrag zu dem Konflikt – so klein er auch sein mag.
3. **BESCHREIBEN SIE DIE AUSWIRKUNGEN IHRES VERHALTENS AUF DIE ANDERE PERSON UND BEKENNEN SIE SICH DAZU.** Gehen Sie in Ihrer Entschuldigung darauf ein, welche negativen Auswirkungen Ihr Verhalten gehabt haben könnte oder welche dieser Auswirkungen Ihr Partner Ihnen bereits beschrieben hat. Sie müssen nicht unbedingt mit seiner Interpretation einverstanden sein, aber Sie können sie trotzdem akzeptieren und ihn darin bestätigen.
4. **SCHLAGEN SIE ANDERE VERHALTENSWEISEN FÜR DIE ZUKUNFT VOR.** Erklären Sie Ihrem Partner, inwiefern Sie sich beim nächsten Mal anders verhalten möchten. Aber achten Sie darauf, ihm nichts zu versprechen, was Sie nicht halten können!
5. **LÖSEN SIE IHR VERSPRECHEN EIN.** Wenn Sie Ihre Verbesserungsvorschläge nicht umsetzen, ist das der schnellste Weg, um die in einer Beziehung vorhandene Vertrauensbasis zu zerstören. Stellen Sie fest, dass Sie Ihr Versprechen nicht einhalten können, sollten Sie mit dieser Übung noch einmal von vorn anfangen. Niemand verhält sich in einer Beziehung immer völlig konsequent, doch zu viele gebrochene Versprechen und fehlende Entschuldigungen werden Ihrer Partnerschaft auf die Dauer schaden.

DISKUSSIONSPUNKTE

Wenn Sie sich Ihre Standardverhaltensmuster bei Entschuldigungen bewusst machen, wird es Ihnen in Zukunft besser gelingen, Konflikte zu lösen. Also stellen Sie sich folgende Fragen:

- ➔ Wo habe ich gelernt, mich zu entschuldigen? Wer hat mir das vorgelebt? Was hat man mir (direkt oder indirekt) über Entschuldigungen beigebracht?
- ➔ Wie zeigen sich die Botschaften zum Thema Entschuldigungen, die ich in meinem früheren Leben erhalten habe, auch heute noch in Konfliktsituationen mit meinem Partner?

FÄHIGKEIT NR. 20

Vertrauen aufbauen, indem man sich an seine Zusagen hält

ZIELE

- Wiederkehrende Streitigkeiten beheben
- Ihre Konfliktlösungsfähigkeiten verbessern
- Ein Muster für klar formulierte Entschuldigungen in Ihrer Beziehung schaffen

»Vertrauen entsteht in den banalsten Augenblicken«, sagt mein Mentor, der angesehene Beziehungsforscher John Gottman. In einer Beziehung gibt es unzählige Alltagssituationen, in denen wir entscheiden, entweder auf unseren Partner zuzugehen und Vertrauen zu schaffen oder ihn zu hintergehen. Gottmans Untersuchungen haben gezeigt, dass Menschen sich normalerweise nicht durch einen einzigen großen Verrat auseinanderleben, sondern eher durch kleinere Vertrauensbrüche, die sich über Jahre hinweg summieren.

Ein weiterer wichtiger Forscher auf diesem Gebiet, Charles Feltman, erklärt, dass Vertrauen dann besteht, wenn wir uns dazu entscheiden, etwas, das uns wichtig ist, durch die Handlungen eines anderen Menschen angreifbar zu machen. Einer der einfachsten Wege, Vertrauen aufzubauen, besteht darin, für unseren Partner da zu sein, wenn er uns braucht. Es dauert einige Zeit, Vertrauen zu schaffen, denn es entsteht erst dann, wenn sich jemand mehr als einmal an ein Versprechen hält. Zum Beispiel müssen wir bei jemandem, der uns Schaden zugefügt hat, mehrmals ein besseres Verhalten beobachten, um ihm wieder volles Vertrauen entgegenbringen zu können.

ÜBUNG

Sprechen Sie mit Ihrem Partner über die Versprechen, die Sie einander gegeben haben. Erstellen Sie eine Liste der impliziten (unausgesprochenen, aber angedeuteten oder vom Partner als selbstverständlich erachteten) und expliziten (ausgesprochenen) Versprechen, die Sie sich gegenseitig gegeben haben. Listen Sie für jede Kategorie mindestens zehn Versprechen auf:

Implizite Versprechen Beispiel: *Ich hole dich immer vom Flughafen ab.*	
Explizite Versprechen Beispiel: *Ich schlafe mit niemand anderem.*	

Sobald Sie Ihre Listen erstellt haben, nehmen Sie sich ein bisschen Zeit, um über die Versprechen nachzudenken, die Sie bisher gegeben und an die Sie sich gehalten haben.

In welchen Situationen ist es Ihnen schwergefallen, Ihre Versprechen zu halten? Welche Arten von Vereinbarungen sind leicht einzuhalten?	
Welche Überraschungen haben Sie bei dem Gespräch mit Ihrem Partner über Versprechen erlebt? Was haben Sie daraus gelernt?	

Welche Vereinbarungen, die Sie mit Ihrem Partner getroffen haben, müssen noch expliziter ausformuliert werden?	
Bei welcher Vereinbarung oder welchem Versprechen könnten Sie sich noch zuverlässiger verhalten als bisher? Welchen Schritt können Sie diese Woche unternehmen, um ein zuverlässigerer Partner zu werden?	

DISKUSSIONSPUNKTE

Denken Sie darüber nach, in welchen Situationen und Beziehungen Sie besonders zuverlässig sind. Was fällt Ihnen an diesen Orten oder Beziehungen auf? Was haben sie miteinander gemeinsam? Was können Sie aus diesen Unterschieden Ihrer Zuverlässigkeit in verschiedenen Kontexten lernen? Sprechen Sie mit Ihrem Partner darüber.

5

VERTRAUEN UND INTIMITÄT

DIE BEFRIEDIGUNG von Intimitätsbedürfnissen ist einer der Hauptgründe, warum wir intime Beziehungen eingehen. Es gibt viele Möglichkeiten, mit den Menschen, die wir lieben, auf intellektueller, spiritueller, sexueller, emotionaler, sinnlicher und funktioneller Ebene intim zu sein. Und jede Freundschaft oder romantische Beziehung, in die wir Zeit und Gefühle investieren, erfüllt andere Intimitätsbedürfnisse. Viele Menschen hoffen darauf, sich mit einer einzigen wichtigen Beziehung gleich mehrere Intimitätsbedürfnisse zu erfüllen. Andere versuchen die Befriedigung einiger Bedürfnisse in andere Beziehungen auszulagern. In diesem Kapitel wollen wir über verschiedene Formen von Intimität nachdenken, um herauszufinden, in welchen Bereichen Ihrer Partnerschaft Sie gern mehr Intimität aufbauen würden.

FÄHIGKEIT NR. 21

Einen sicheren Raum für Intimität schaffen

ZIELE

- Wege finden, um mehr Sicherheit und Geborgenheit in der Partnerschaft zu schaffen
- Die Intimität in Ihrer Beziehung vertiefen
- Eine stärkere Vertrauensbasis in der Partnerschaft aufbauen

Intimität und Verletzlichkeit sind so eng miteinander verbunden, dass es manchmal schwierig ist, den Unterschied zwischen beidem zu erkennen.

Daher möchte ich Ihnen diesen Unterschied erklären: Verletzlichkeit bedeutet, ein emotionales Risiko einzugehen oder einem anderen Menschen gegenüber seine Emotionen preiszugeben. Intimität heißt, uns einander in unserer ganzen Verletzlichkeit zu zeigen oder Nähe und Vertrauen zueinander aufzubauen.

Um die Intimität in einer Beziehung stärken zu können, müssen wir uns zunächst einmal sicher fühlen.

ÜBUNG

Suchen Sie sich für dieses Gespräch mit Ihrem Partner ein bequemes Plätzchen. Atmen Sie ein paarmal gemeinsam tief durch. Denken Sie an etwas, das Sie an Ihrem Partner schätzen. Wenn Sie so weit sind, interviewen Sie Ihren Partner anhand der unten stehenden Fragen.

Beschreibe eine Situation, in der du dich sicher genug fühltest, um dich einem Freund gegenüber verletzlich zu zeigen. Warum hast du dich in dieser Freundschaft so sicher gefühlt?	
Wann hast du am ehesten den Mut, anderen Menschen gegenüber deine Schutzmauern fallen zu lassen? In welchen Situationen fühlst du dich besonders sicher, um dich jemandem zu öffnen?	
Könnte ich irgendetwas tun, damit du dich mir gegenüber leichter öffnen kannst? Wie kann ich dich in Situationen, in denen du verletzlich bist, unterstützen?	

Denken Sie über die Antworten Ihres Partners nach und schreiben Sie Ihre Gedanken dazu in die rechte Spalte.

Was verrät Ihnen dieses Interview darüber, wie Sie einen sicheren Raum für mehr Intimität mit Ihrem Partner schaffen können?	

DISKUSSIONSPUNKTE

Die meisten Menschen haben in der Familie, in der sie aufgewachsen sind, wichtige Lektionen über Intimität, Verletzlichkeit und Sicherheit gelernt. Nehmen Sie sich zehn Minuten Zeit, um nachzuforschen, wie Ihre Familie Ihre Erfahrungen mit Intimität direkt oder indirekt beeinflusst haben könnte.

FÄHIGKEIT NR. 22

Mehr körperliche Intimität aufbauen

ZIELE

- Die Bedürfnisse nach körperlicher und sexueller Intimität in Ihrer Beziehung abklären
- Mit Ihrem Partner darüber sprechen, wie Sie mehr Intimität in Ihre Beziehung bringen könnten

Oft wird sexuelle Intimität in unserem Leben so stark überbewertet, dass wir Sex sogar mit Intimität verwechseln. Wenn ich Paare in meiner Praxis nach ihrem Sexualleben frage, bekomme ich häufig die Antwort: »Wir waren erst letzte Woche miteinander intim.« Das heißt, sie umschreiben Geschlechtsverkehr mit dem Wort Intimität. Sexuelle Intimität ist zwar sehr wichtig, doch wenn wir uns nur auf diesen einen Aspekt von Intimität konzentrieren, vernachlässigen wir das sehr viel komplexere Intimitätsnetzwerk, das gesunde Beziehungen gedeihen lässt.

Für viele Menschen gehen sinnliche (oder körperliche) und sexuelle Intimität Hand in Hand. Denken Sie einmal darüber nach, inwieweit Ihre Bedürfnisse nach körperlicher Intimität in Ihrer Partnerschaft erfüllt werden und/oder ob Sie gerne mehr davon hätten. Wie werden diese Bedürfnisse befriedigt? Würden Sie diese Form der Intimität in Ihrer Beziehung gern ausbauen? Wenn ja, wie?

ÜBUNG

Suchen Sie sich für dieses Gespräch mit Ihrem Partner ein bequemes Plätzchen. Atmen Sie ein paarmal gemeinsam tief durch. Denken Sie an etwas, das Sie an Ihrem Partner schätzen. Wenn Sie so weit sind, interviewen Sie Ihren Partner anhand der unten stehenden Fragen.

Wie möchtest du gern zu sexueller Intimität verführt werden? Wie soll ich Körperkontakt zu dir aufnehmen?	
In welchen Räumen, Situationen oder Szenarien fällt es dir leichter, dich ungehemmt auf sexuelle Nähe einzulassen?	

Wie können wir eine Umgebung schaffen, in der du dich körperlich besonders sicher und geborgen fühlst? In welchem Umfeld kannst du dich am besten entspannen?	
Was kann ich tun, um mehr Sicherheit (oder weniger Stress) in unserer sexuellen Beziehung aufzubauen?	

Denken Sie über die Antworten Ihres Partners nach und schreiben Sie Ihre Gedanken dazu in die rechte Spalte.

Was verrät Ihnen dieses Interview darüber, wie Sie einen sichereren Raum für intime Begegnungen mit Ihrem Partner schaffen könnten?	

DISKUSSIONSPUNKTE

Manche Menschen haben Probleme mit sexueller und sinnlicher Intimität, weil sie sich vom sexuellen oder körperlichen Teil ihres Ichs abgekoppelt fühlen. Um ein feineres Gespür für sexuelle oder sinnliche Empfindungen in Ihrem Leben zu entwickeln, achten Sie einmal einen ganzen Tag lang darauf, wann Sie asexuelles Vergnügen und Verlangen verspüren. Das kann zum Beispiel der Genuss eines köstlichen Essens oder das Verlangen nach Freundschaft sein, wenn Sie sich einsam fühlen.

Achten Sie darauf, wann Sie im Verlauf des Tages Genuss und Verlangen empfinden, und nehmen Sie sich vor, mit Ihrem Partner darüber zu sprechen – und zwar in diesen beiden Begriffen. Wenn Sie anfangen, Ihre Wünsche und Genüsse in einem asexuellen Kontext wahrzunehmen und einzugestehen, wird Ihnen das künftig auch in sinnlicher, sexueller Hinsicht leichter fallen.

FÄHIGKEIT NR. 23

Emotionale, spirituelle und geistige Intimität

ZIELE

- Diese drei verschiedenen Formen der Intimität im eigenen Leben erkennen
- Die Intimität mit dem Partner durch das Teilen von Lernprozessen vertiefen

Emotionale Intimität ist häufig das Fundament für enge Freundschaften. Sie entsteht, wenn wir in der Lage sind, uns Menschen gegenüber verletzlich zu zeigen, die uns sanft zur Rechenschaft ziehen, unsere Unzulänglichkeiten liebevoll akzeptieren und uns stets mit Wärme und Herzlichkeit begegnen.

Spirituelle Intimität bedeutet, Ehrfurcht, Inspiration und religiöse Erkenntnisse mit anderen Menschen zu teilen. Das kann man zum Beispiel beim Bibelstudium, in einer Meditationsgruppe, beim Yoga, bei einer Diskussion in einem Retreat oder auf einer Wanderung tun.

Beim Lernen und Teilen von Wissen zeigen wir uns dem Gesprächspartner gegenüber verletzlich; und dieser Prozess hat oft auch etwas zutiefst Verbindendes. Das ist geistige Intimität. In manchen Fällen arbeitet man da mit einem professionellen Coach zusammen, nimmt an einer Schreibgruppe teil oder »fachsimpelt« über ein bestimmtes Thema.

ÜBUNG

Suchen Sie sich für dieses Gespräch mit Ihrem Partner ein bequemes Plätzchen. Atmen Sie ein paarmal gemeinsam tief durch. Denken Sie an etwas, das Sie an Ihrem Partner schätzen. Wenn Sie so weit sind, beginnen Sie anhand der unten stehenden Fragen ein Gespräch mit Ihrem Partner.

Was kann ich tun, um dich zu unterstützen, wenn du ein emotionales Risiko eingehst?	
In welchen Bereichen deines Lebens fühlst du dich am stärksten inspiriert oder von Ehrfurcht erfüllt? Was würde dir helfen, dich so sicher zu fühlen, dass du diese Augenblicke mit mir teilst?	
Was nimmt dir die Angst davor, Fehler zu machen? Wie könnte ich dich auf sinnvolle Weise beim Lernen unterstützen?	

Denken Sie über die Antworten Ihres Partners nach und schreiben Sie Ihre Gedanken dazu in die rechte Spalte.

Was verrät Ihnen diese Übung darüber, wie Sie emotionale, spirituelle und geistige Intimität mit Ihrem Partner aufbauen könnten?	

DISKUSSIONSPUNKTE

Bei den meisten meiner Klienten steht der emotionalen, spirituellen und geistigen Intimität ein wichtiges Hindernis im Weg: nämlich dass sie es nicht mehr gewohnt sind, Ehrfurcht, Kreativität, Spiel und intensive Lernprozesse zu erleben. Die meisten Menschen wissen diese besonderen Augenblicke in ihrem Alltagsleben gar nicht richtig zu schätzen.

Um diese Art von Intimität besser mit anderen Menschen teilen zu können, sollten Sie zunächst einmal anfangen, Ihre intime Beziehung zu sich selbst zu verbessern. Versuchen Sie, Augenblicke der Ehrfurcht und Inspiration in Ihrem Alltagsleben zu erkennen. Wenn Sie einen solchen Moment wahrnehmen, atmen Sie einmal langsam und tief durch und achten Sie darauf, wie sich Ehrfurcht oder Inspiration in Ihrem Körper anfühlt.

Üben wir uns darin, sowohl für das Einfache als auch für das Außergewöhnliche in unserem täglichen Leben dankbar zu sein, eröffnen sich Chancen, solche Augenblicke mit den Menschen, die wir lieben, gemeinsam zu erleben und einander auf diese Weise näherzukommen.

FÄHIGKEIT NR. 24

Funktionelle oder familiäre Intimität fördern

ZIELE

- Familiäre oder funktionelle Intimität im Alltag deutlicher wahrnehmen und schätzen lernen
- Lernen, je nach Bedarf funktionelle Intimität in einer Beziehung aufzubauen

Wenn Sie mit einem Partner zusammenleben oder sich auf andere Weise ein gemeinsames Leben mit ihm aufbauen, führt das häufig dazu, dass Sie diesem Menschen Ihr ganz privates, authentisches Ich zeigen. Funktionelle Intimität (die leider oft übersehen wird) entsteht, wenn wir die Alltagsgewohnheiten unseres Partners kennenlernen. Bei vielen Familien und Mitgliedern von Wohngemeinschaften ist diese Art von Intimität sehr ausgeprägt: Sie wissen, wie der andere die Spülmaschine einräumt, wie er seinen Tag am liebsten ausklingen lässt und was er in seiner Freizeit tut, um abzuschalten.

Funktionelle Intimität ist meist der Bereich, in dem in einer Partnerschaft das größte Vertrauen besteht. Gemeinsame Finanzen, logistische Abläufe, Erziehungspraktiken oder Urlaube sind einige der relevantesten Belange in einer Beziehung. Da es sich dabei normalerweise aber auch um den »unromantischen« Aspekt einer Partnerschaft handelt, übersehen wir ihn bei unserer Beziehungsarbeit häufig. Das ist schade, denn funktionelle Intimität ist zwar vielleicht nicht besonders aufregend, aber auf lange Sicht meist sehr wichtig.

ÜBUNG

Suchen Sie sich für dieses Gespräch mit Ihrem Partner ein bequemes Plätzchen. Atmen Sie gemeinsam ein paarmal tief durch. Denken Sie an etwas, das Sie an Ihrem Partner schätzen. Wenn Sie so weit sind, interviewen Sie ihn anhand der unten stehenden Fragen.

Was kann ich morgen tun, um dir den Tag zu erleichtern? Welche Arbeit könnte ich dir in der kommenden Woche abnehmen?	
Wie kann ich dir in den täglichen Abläufen unseres gemeinsamen Lebens ein zuverlässigerer Partner sein? Welche meiner Aufgaben, Rollen und Zuständigkeiten sind für dich am wichtigsten?	
Was trägt dazu bei, dass du dich in einer Beziehung wohlfühlst oder das Gefühl hast, Teil einer Familie zu sein?	

Denken Sie über die Antworten Ihres Partners nach und schreiben Sie Ihre Gedanken dazu in die rechte Spalte.

Was verrät Ihnen dieses Interview darüber, wie Sie die funktionelle Intimität mit Ihrem Partner stärken können?	

DISKUSSIONSPUNKTE

Für die meisten Menschen ist der Partner das wichtigste Mitglied ihrer Wahlfamilie. (Im Gegensatz zu der Familie, in die wir hineingeboren werden, haben wir unsere Wahlfamilie im Lauf unseres Lebens durch Freundschaften und räumliche Gemeinschaft aufgebaut.) Nehmen Sie sich nun ein bisschen Zeit, darüber nachzudenken, was Wahlfamilie in Ihrem Leben bedeutet.

Und dann besprechen Sie Ihre Gedanken dazu mit Ihrem Partner:

- Inwiefern sind wir eine Familie?
- Wie würdest du eine Wahlfamilie definieren?
- In welcher Hinsicht bin ich der Mensch, den du am besten kennst? Und in welcher Hinsicht überrasche ich dich immer noch?

FÄHIGKEIT NR. 25

Bedürfnisse nach Intimität in einer Beziehung erkennen

ZIELE

- Sich über Ihre Bedürfnisse nach Intimität in Ihrer Beziehung klar werden
- Herausfinden, wie Sie für mehr Intimität in Ihrer Partnerschaft sorgen können
- Mit Ihrem Partner darüber sprechen, wie Ihre Intimitätsbedürfnisse befriedigt werden könnten

Bei vielen Problemen, mit denen Paare zu kämpfen haben, geht es um unerfüllte Bedürfnisse nach Intimität. Um mit Ihrem Partner darüber sprechen zu können, sollten Sie sich zunächst einmal einen klaren Überblick über die verschiedenen Formen von Intimität verschaffen, die es in einer Beziehung gibt.

In der nächsten Übung überlegen Sie, inwieweit die sechs verschiedenen Arten von Intimität in Ihrem Leben vorkommen, wie gut Ihre Bedürfnisse diesbezüglich erfüllt werden und wie Sie die Intimität in Ihrer Beziehung verstärken können.

ÜBUNG

Erstellen Sie anhand des unten stehenden Diagramms einen Schnappschuss Ihrer jetzigen Beziehung: Malen Sie die Lebensbereiche, in denen Ihre derzeitigen Bedürfnisse ziemlich gut erfüllt werden, farbig aus und lassen Sie die Bereiche, in denen diese Bedürfnisse noch besser befriedigt werden könnten, leer. Beantworten Sie die Fragen auf der nächsten Seite, um Ihre Bedürfnisse nach verschiedenen Formen von Intimität besser zu verstehen.

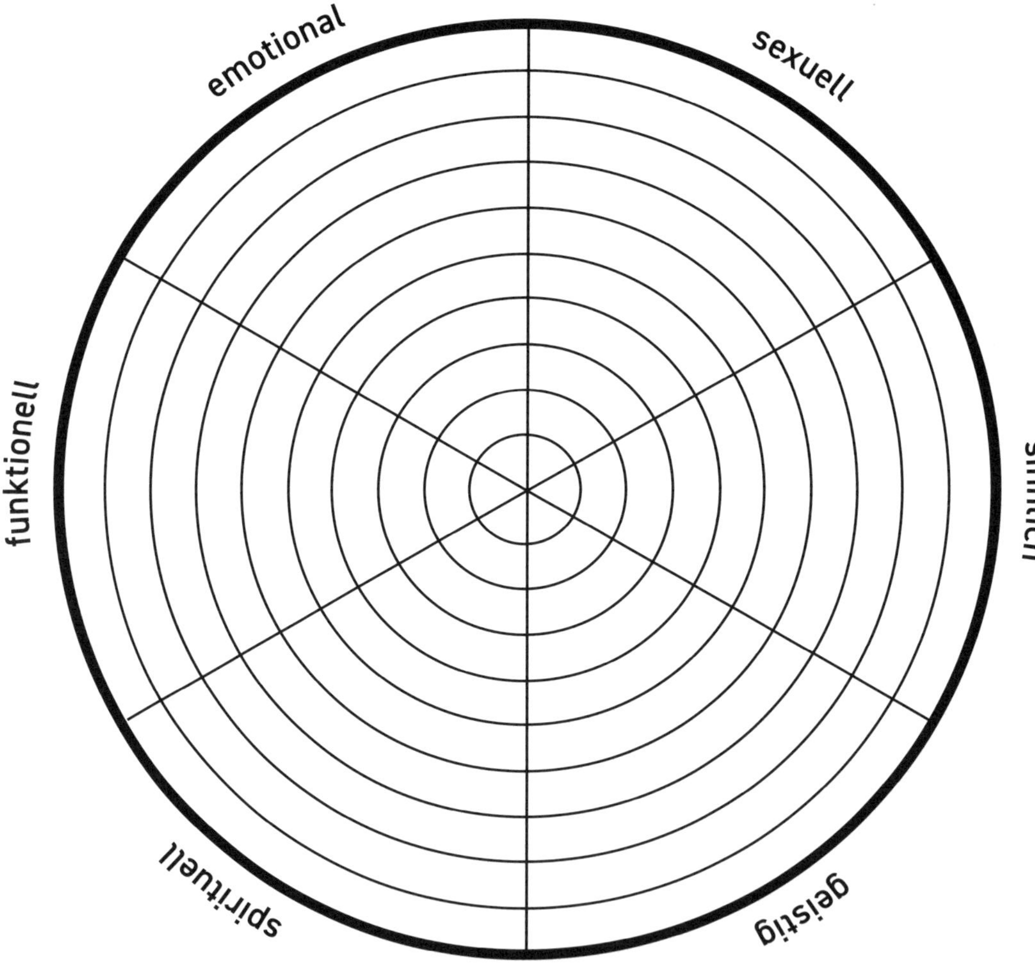

In welchen Bereichen fühlen Sie sich am engsten mit Ihrem Partner verbunden?	
In welchen Bereichen hätten Sie gern mehr Intimität in Ihrer Partnerschaft?	
Welche Verhaltensweisen könnten aus Ihrer Sicht die Intimität in diesem Bereich stärken?	

DISKUSSIONSPUNKTE

Sprechen Sie mithilfe der in Kapitel 1 und 2 aufgezeigten Kommunikationsfähigkeiten mit Ihrem Partner über Ihre Bedürfnisse nach Intimität. Erklären Sie ihm, welchen Bereich der Intimität Sie in Ihrer Beziehung gern stärken würden, und beschreiben Sie ein Verhalten, das Ihnen helfen könnte, sich enger mit ihm verbunden zu fühlen.

6

GESUNDE GRENZEN SETZEN

GRENZEN SIND die Mauern, die wir um uns herum errichten, um uns vor Schmerz, Trauma und Chaos zu schützen. Gleichzeitig sind sie aber auch die Tore, durch die wir Liebe, Energie und seelische Nahrung in unser Leben lassen. Doch für die meisten Menschen ist es schwer, Grenzen zu erkennen. Ohne klar gezogene Grenzen ist es aber unmöglich, Vertrauen zu jemandem aufzubauen – oder sein Vertrauen zu gewinnen.

FÄHIGKEIT NR. 26

Erkennen, wann an Grenzen gearbeitet werden muss

ZIELE

- Die Signale des Körpers erkennen, wenn Grenzen korrigiert werden müssen
- Lernen, auf diese Signale des Körpers zu hören

Bevor wir klare Grenzen ziehen können, müssen wir zunächst einmal wissen, wo sie gebraucht werden. Das Gute daran ist, dass unser Körper und unsere Gefühle uns signalisieren, wann etwas an einer Grenze korrigiert oder verändert werden muss. Normalerweise merken wir das ganz einfach daran, dass wir uns unwohl in unserer Haut fühlen. Durch das Ziehen von Grenzen können wir Dinge von uns fernhalten, die unserer Gesundheit oder unseren Beziehungen nicht zuträglich sind. Folgende Grenzen können wir setzen:

- Schützende Grenzen schaffen eine Barriere, die Unannehmlichkeiten oder Schaden abwehrt.
- Inklusive Grenzen geben unserer Seele Nahrung, indem sie Erfahrungen ermöglichen, die uns zu innerem Wachstum verhelfen.
- Bitten und Aufforderungen sind Grenzen, mit deren Hilfe wir uns Ressourcen, Erfahrungen oder Beziehungen verschaffen, die uns innerlich aufbauen.
- Ausgleichende und filternde Grenzen sorgen dafür, dass die Harmonie in unserer Beziehung erhalten bleibt.

ÜBUNG

Denken Sie an eine vor Kurzem erlebte Interaktion, bei der Sie sich unwohl in Ihrer Haut gefühlt haben. Machen Sie sich anhand der unten stehenden Fragen Gedanken über diese Erfahrung.

Woran haben Sie gemerkt, dass Sie in dieser Situation eine Grenze ziehen oder korrigieren sollten? Was ist passiert? Mit wem waren Sie zusammen?	
Woran können Sie erkennen, dass Sie die richtigen Grenzen gezogen haben, wenn Sie das nächste Mal in eine ähnliche Situation kommen? An welchen Signalen merken Sie das?	

DISKUSSIONSPUNKTE

Achten Sie auf die vielen verschiedenen Einsatzmöglichkeiten von Grenzen in Ihrem täglichen Leben. Immer wenn Sie sich unwohl fühlen, stellen Sie sich folgende Fragen:

- Was versuche ich zu schützen?
- Wovon brauche ich mehr oder weniger?
- Woran erkenne ich, dass ich die richtigen Grenzen gezogen habe?

FÄHIGKEIT NR. 27

Zwischen Wünschen, Bedürfnissen und Anforderungen unterscheiden

ZIELE

- Sich über die Bedürfnisse in einer Beziehung klar werden und sie beschreiben
- Zwischen Bedürfnissen und Wünschen unterscheiden können
- Erkennen und klar formulieren, welche Anforderungen an eine Beziehung bestehen

Wenn Sie möchten, dass in einer Partnerschaft Ihre Bedürfnisse erfüllt werden, müssen Sie zunächst einmal wissen, welche Bedürfnisse das sind. Die meisten Menschen wissen nämlich gar nicht genau, was sie wollen oder brauchen. Wenn Sie sich damit beschäftigen, können Sie jedoch lernen, direkt um die Erfüllung Ihrer Bedürfnisse zu bitten.

Manchmal empfinden unsere Mitmenschen uns als unfreundlich, wenn wir ihnen die Wahrheit sagen – vor allem, wenn wir ihnen problematische Informationen oder negatives Feedback geben. Doch in Wirklichkeit ist es viel unfreundlicher, um die Wahrheit herumzureden. Möchten wir einem anderen Menschen nicht die Wahrheit sagen – und drücken uns unter dem Vorwand, freundlich sein zu wollen, vage oder missverständlich aus –, versuchen wir, die Situation damit in Wirklichkeit nur für uns selbst angenehmer zu machen und nicht primär für unseren Gesprächspartner.

Wer freundlich sein möchte, sollte sich um eine ehrliche, aufrichtige und direkte Kommunikation bemühen. Die Wahrheit zu verschweigen, hilft niemandem.

ÜBUNG

Mit dieser Übung sollen Sie sich Ihrer Anforderungen, Bedürfnisse und Wünsche bewusst werden, denn das ist der erste Schritt zur Schaffung gesunder Grenzen. Bevor Sie auf der nächsten Seite Ihre eigenen Listen erstellen, sollten Sie zunächst einmal die unten stehenden Beispiele studieren.

Beispiele für Anforderungen	**Beispiele für Bedürfnisse/Wünsche**
Mein Partner sollte ...	Mein Partner sollte ...
➜ mir offen seine Dankbarkeit zeigen	➜ sich an Vereinbarungen/Versprechen halten
➜ sich auf gesunde Konflikte einlassen	➜ sich die Hausarbeit mit mir teilen
➜ frei von Süchten sein	➜ gut organisiert sein
➜ körperliche Zuneigung zeigen	➜ in finanzieller Hinsicht verantwortungsvoll handeln
➜ ein offenes Ohr für schwieriges Feedback haben	➜ detailorientiert sein
➜ klare Grenzen setzen	➜ ordentlich/sauber sein
➜ nicht mehr nehmen, als er gibt	➜ mir körperliche Zärtlichkeit schenken
➜ bereit sein, sich selbst so zu sehen, wie er ist	➜ großen Wert auf Sicherheit legen
➜ die gleiche Vision haben wie ich	➜ gut auf seine Gesundheit und sein Wohlbefinden achten
➜ sich aktiv um emotionale Intimität in unserer Beziehung bemühen	➜ mich zu gemeinsamen Aktivitäten motivieren
➜ meine Gefühle respektieren	➜ klar kommunizieren können
➜ zuhören, wenn ich ihm etwas mitteilen möchte	➜ sich gut um unsere gemeinsamen Kinder kümmern
➜ mit mir lachen und spielen	➜ ein guter Teamplayer sein
➜ meine Meinung respektieren	➜ sich an die Gesetze halten
➜ romantisch sein	
➜ flexibel sein	
➜ an Geist, Körper und Seele gesund sein	
➜ Wir sollten uns sexuell zueinander hingezogen fühlen/eine leidenschaftliche Beziehung führen	

Tragen Sie nun Ihre eigenen Anforderungen, Bedürfnisse und Wünsche in die unten stehende Tabelle ein. Diese Listen werden Ihnen auch bei der Verbesserung der Kommunikationsfähigkeit Nr. 28 (Um die Erfüllung eigener Bedürfnisse bitten, Seite 136) helfen.

Beispiele für Anforderungen	**Beispiele für Bedürfnisse/Wünsche**

DISKUSSIONSPUNKTE

Welche Ihrer Bedürfnisse, Wünsche und Anforderungen können Sie am leichtesten erfüllen? Bei welchen fällt Ihnen das schwer? Was könnte es Ihnen erleichtern, bei Bedarf Nein zu sagen?

FÄHIGKEIT NR. 28

Um die Erfüllung eigener Bedürfnisse bitten

ZIELE

- Sich bewusst werden, dass Werturteile der gegenseitigen Unterstützung im Weg stehen
- Sich über die Anforderungen an den Partner klar werden
- Üben, Bedürfnisse und Bitten klar zu formulieren

Wenn Ihre Beziehung gesund ist und auf einer soliden Vertrauensbasis beruht, können Sie Ihren Partner um alles bitten, was Sie brauchen, und umgekehrt. Sie können wertfrei miteinander über Ihre Gefühle sprechen. Starke Paare helfen und unterstützen sich gegenseitig mit Leichtigkeit und ohne Werturteile zu fällen.

Leider fällt es vielen Menschen aber schwer, in einer Partnerschaft um Hilfe zu bitten, denn sie haben Angst, dabei verletzlich oder schwach zu wirken. Und doch besteht der schnellste Weg zu einer tiefen Verbindung zwischen zwei Menschen, die sich lieben, darin, dass der eine Partner den anderen in seinen verletzlichsten Augenblicken sieht und unterstützt.

ÜBUNG

Nun, da Sie sich Ihre Anforderungen, Wünsche und Bedürfnisse bewusst gemacht haben (siehe Ihre Liste, Seite 135), sollten Sie mit Ihrem Partner darüber sprechen. Wählen Sie drei Wünsche/Bedürfnisse aus Ihrer Liste aus und vervollständigen Sie die unten stehenden Ich-Aussagen so, dass Bitten daraus entstehen.

- »Ich brauche mehr ______________________ (Bedürfnis). Ich habe festgestellt, dass ich mich______________________ (Gefühl) fühle, wenn ich nicht genug davon bekomme. Könntest du ______________________ (Bitte)?«

- »Ich weiß, dass ich mich vorhin ______________________ (Gefühl) gefühlt habe. Ich glaube, das liegt daran, dass ich mehr ______________________ (Bedürfnis) brauche. Es würde mir sehr helfen, wenn du ______________________ (Bitte).«

- »Ich glaube, ich war dir gegenüber in letzter Zeit ziemlich kurz angebunden, weil ich mehr ______________________ (Bedürfnis) bei ______________________ (Situation oder Lebensbereich) brauche. Es wäre schön, wenn du mich darin unterstützen könntest, indem du ______________________ (Bitte).«

DISKUSSIONSPUNKTE

Richten Sie eine der oben aufgeführten Bitten an Ihren Partner. Achten Sie dabei bitte auf Ihre körperlichen Reaktionen. Was empfinden Sie? Was könnten diese Gefühle zu bedeuten haben?

FÄHIGKEIT NR. 29

Sich auf den Partner zu- und von ihm wegbewegen

ZIELE

- Sich über Ihre häufigste Reaktion klar werden: Bewegen Sie sich öfter auf Ihren Partner zu oder von ihm weg, oder wenden Sie sich womöglich sogar gegen ihn?
- Diese Reaktionsmuster durchbrechen und stattdessen bewusste Entscheidungen treffen

Stellen wir fest, dass wir an unseren Grenzen arbeiten müssen, äußert sich diese Erkenntnis oft zunächst einmal in Abwehrmechanismen. Und diese Mechanismen sehen häufig so aus, dass wir uns von einem Menschen, der uns wichtig ist, weg- oder auf ihn zubewegen oder uns vielleicht sogar gegen ihn wenden. Wenn wir uns von unserem Partner wegbewegen, ziehen wir uns zurück, verstummen oder haben Geheimnisse vor ihm, um Unannehmlichkeiten oder Konflikten aus dem Weg zu gehen. Gehen wir dagegen auf den Partner zu, versuchen wir, ihm zu gefallen und ihn zu beschwichtigen, damit nur ja keine Schwierigkeiten oder Probleme entstehen. Und wenn wir uns gegen jemanden wenden, wollen wir Macht über ihn gewinnen, indem wir aggressiv und herrschsüchtig agieren. Auch das Ziel dieses Verhaltens besteht darin, uns Unangenehmes oder Konflikte zu ersparen. Obwohl diese Manöver eigentlich reine Selbstschutzmaßnahmen sind, führen sie letztendlich zu einer Entfremdung von unserem Partner.

ÜBUNG

Suchen Sie sich für dieses Gespräch mit Ihrem Partner ein bequemes Plätzchen. Atmen Sie ein paarmal gemeinsam tief durch. Denken Sie an etwas, das Sie an Ihrem Partner schätzen. Wenn Sie so weit sind, interviewen Sie Ihren Partner anhand der unten stehenden Fragen. Machen Sie sich dabei Notizen in den dafür vorgesehenen Feldern.

Was hat deine Familie dir beigebracht oder vorgelebt, wenn es darum ging, in zwischenmenschlichen Beziehungen um Hilfe zu bitten?	
Wie kann ich es dir erleichtern, auf mich zuzugehen, wenn du Hilfe brauchst?	

In welchen Situationen spürst du, dass ich mich in unserer Beziehung von dir wegbewege oder gegen dich wende?

DISKUSSIONSPUNKTE

Lassen Sie die letzte Woche noch einmal vor Ihrem inneren Auge vorüberziehen und machen Sie sich dabei Ihre Standardverhaltensmuster bewusst: Wann bewegen Sie sich im täglichen Leben auf Ihren Partner zu oder von ihm weg oder wenden sich gegen ihn? Welche Verhaltensmuster haben Sie beide gemeinsam?

FÄHIGKEIT NR. 30

Achtsam mit Konflikten umgehen

ZIELE

- Achtsamkeit nutzen, um Grenzen zu ziehen
- Genauer auf die inneren Signale achten, die darauf hindeuten, dass Sie an Ihren Grenzen arbeiten sollten

Mithilfe von Achtsamkeit können wir unsere Beziehungen stärken und uns bei heftigen emotionalen Reaktionen selbst beruhigen. Achtsamkeit schärft unsere Wahrnehmung für die Signale unseres Körpers, sodass wir leichter erkennen, was wir in Konfliktsituationen am dringendsten brauchen. Auf diese Weise hilft Achtsamkeit uns bei schwierigen Gesprächen mit unserem Partner.

SCHWIERIGE GESPRÄCHE IN EINER HALTUNG DER ACHTSAMKEIT MEISTERN

Mit einer achtsamen Haltung kann es Ihnen leichter fallen, in schwierigen Gesprächen Ihren Standpunkt durchzusetzen. Verschaffen Sie sich vor Ihrem Gespräch mit dem Partner Klarheit über den Zweck der Diskussion, die verschiedenen Standpunkte und Lösungsmöglichkeiten. Halten Sie sich dabei an folgende achtsamen Handlungsschritte:

1. **ÜBERLEGEN SIE, WELCHEM ZWECK DAS GESPRÄCH DIENEN SOLL.** Wenn Ihnen klar ist, welches Ziel Sie mit dem Gespräch verfolgen, werden Sie es leichter erreichen können. Also halten Sie Ihre Hoffnungen und Absichten für die geplante Unterredung schriftlich fest!
2. **FRAGEN SIE SICH: »AUS WELCHER PERSPEKTIVE SEHE ICH DAS PROBLEM?«** Denken Sie darüber nach, was dieser Konflikt für Sie bedeutet. Wenn Sie dem Partner Ihre Sichtweise erklären, wählen Sie Ich-Aussagen, zum Beispiel: »Ich finde es sehr schade, wie unser gestriger Abend zu Ende gegangen ist.«
3. **BESCHREIBEN SIE DIE EMOTIONEN, DIE DIESE SITUATION IN IHNEN AUSLÖST.** Denn dann kann Ihr Partner sich besser in Sie hineinfühlen.
4. **VERSUCHEN SIE, DIE PERSPEKTIVE IHRES PARTNERS EINZUNEHMEN.** Überlegen Sie, was Sie in seiner Lage denken würden.
5. **STELLEN SIE SICH VOR, WIE IHREM PARTNER ZUMUTE IST.** Welche Emotionen könnte diese Situation in ihm wecken? Versuchen Sie, Mitgefühl für ihn aufzubringen.
6. **ÜBERLEGEN SIE, WAS FÜR BERÜHRUNGSPUNKTE ES ZWISCHEN IHNEN GIBT.** Worin besteht Ihre gemeinsame Basis? Welche Lösung könnte Ihren Bedürfnissen und denen Ihres Partners gleichermaßen gerecht werden?
7. **BETRACHTEN SIE DIE SITUATION IN EINER HALTUNG INNERER OFFENHEIT – ODER MIT EINEM »ANFÄNGERGEIST«, WIE DIE BUDDHISTEN SAGEN WÜRDEN.** Gehen Sie aufgeschlossen und neugierig an die Sache heran. Auch wenn Sie dieses Gespräch schon oft geführt haben, können sich daraus doch immer wieder neue interessante Informationen für Sie ergeben.

Nachdem Sie diese Schritte durchlaufen haben, werden Sie vielleicht feststellen, dass Sie das Gespräch gar nicht mehr zu führen brauchen. Falls Sie es doch angehen möchten, können Sie jetzt in einer einfühlsameren und verständnisvolleren Haltung miteinander reden. Doch vor diesem Gespräch sollten Sie zunächst eine achtsame Atemübung machen. Atmen Sie ein paarmal tief in den Bauch hinein und scannen Sie Ihren Körper nach Verspannungen ab. Atmen Sie in diese Körperbereiche hinein, um etwaige Spannungen zu lösen, und beginnen Sie erst dann mit dem Gespräch.

ÜBUNG

Versuchen Sie, alle schwierigen Gespräche, die sich im Lauf der kommenden Woche ergeben, in dieser achtsamen Haltung zu führen. Überlegen Sie, wie gut Ihnen jeweils gelungen ist, die oben beschriebenen Handlungsschritte für eine achtsame Konfliktbewältigung zu berücksichtigen, und geben Sie sich dafür eine Note von 1 bis 5 (1: muss noch verbessert werden, 5: ist bereits sehr erfolgreich). Achten Sie darauf, welche dieser achtsamen Handlungsschritte Ihnen leichter fallen und mit welchen Sie sich schwertun.

Die Schritte, die Ihnen leichter fallen, gehören möglicherweise bereits zu Ihren Standardverhaltensmustern. Dann brauchen Sie jetzt nur noch an den Schritten zu arbeiten, die Ihnen noch nicht so leicht von der Hand gehen.

DISKUSSIONSPUNKTE

Wenn wir uns unsere Standardverhaltensmuster bewusst machen, wird uns gleichzeitig auch klar, welche Werkzeuge und Strategien wir in der Kommunikation mit unserem Partner nicht so häufig nutzen. Dann können wir daran arbeiten, uns in diesen Kommunikationsstrategien zu vervollkommnen. Wagen Sie sich ruhig einmal aus Ihrer Komfortzone heraus und versuchen Sie es mit einer Vorgehensweise, die normalerweise nicht zu Ihren Standardverhaltensmustern gehört. Fragen Sie sich:

- ➜ Welche Kommunikationsstrategien nutze ich am häufigsten?
- ➜ Wie könnte ich mich dazu motivieren, in der kommenden Woche eine der für mich unüblichen Strategien zu praktizieren?

Teil zwei

• • • • • •

BEZIEHUNGS-PROBLEME

(und wie man am besten darüber redet)

Ja, ich weiß – jede Beziehung ist anders. Aber es gibt doch ein paar Konfliktbereiche, mit denen die meisten Paare zu kämpfen haben: zum Beispiel Sexualität, Karriere, Finanzen, Familie, Freunde und Haushalt. Die meisten Paare schlagen sich im Lauf ihrer Beziehung mit mindestens einem dieser Konfliktthemen herum. Gehört Ihr wichtigster Konfliktpunkt auch dazu?

In diesem Teil meines Buches geht es um die Probleme, die die Kommunikation in einer Partnerschaft am häufigsten zum Erliegen bringen, und zwar anhand von realen Szenarien aus meiner Paarberatungspraxis. (Hinweis: Um die Anonymität meiner Kunden zu schützen – und weil diese Probleme so häufig auftauchen –, werde ich verschiedene Geschichten miteinander kombinieren und die Namen der Betroffenen und die spezifischen Details der Konfliktsituationen meiner Klienten verändern.)

Ich möchte mit Ihnen nun die häufigsten Beziehungsprobleme durchgehen und besprechen, was dabei passiert – nicht nur aus Sicht des Paares, sondern auch aus meiner Sicht als Beobachterin und Beziehungsexpertin.

Als Nächstes werden wir versuchen, die Kommunikationsprobleme mithilfe der Fähigkeiten, die wir in Teil 1 gelernt haben, zu beheben und Wege für eine neue, engere Verbindung zu öffnen. Außerdem werde ich Ihnen auch in diesem Teil meines Buches wieder ein paar Übungen an die Hand geben, um Sie für ähnliche Konflikte und Diskussionen in Ihrer eigenen Beziehung zu wappnen.

7

INTIMITÄT

SEXUELLE PROBLEME gehören zu den häufigsten Beziehungsproblemen und normalerweise fällt es Paaren auch am schwersten, darüber zu sprechen. In diesem Kapitel werden wir uns typische sexuelle Probleme, mit denen Paare in meine Praxis kommen, ein bisschen genauer anschauen, mithilfe der in Teil 1 beschriebenen Kommunikationsfähigkeiten ansprechen und entstigmatisieren.

PROBLEM NR. 1

Abnahme des sexuellen Verlangens

Eigentlich läuft in Katies und Kiras Leben zurzeit alles rund: Im letzten Jahr sind sie von Iowa nach Seattle gezogen, weil sich dort neue Karrieremöglichkeiten für sie geboten haben, und haben sich eine schöne Eigentumswohnung in der Innenstadt gekauft. Die jungen Frauen haben sich im zweiten Studienjahr am College kennengelernt und waren zwei Jahre lang die besten Freundinnen, bevor Kira Katie gestand, dass sie tiefere Gefühle für sie hatte, und die beiden sich daraufhin richtig ineinander verliebten. Inzwischen – fünf Jahre später – scheinen sich auch ihre beruflichen Träume zu erfüllen.

Katie und Kira haben nach wie vor eine sehr freundschaftliche Beziehung, doch vor lauter Umzugsstress und mit der zunehmenden beruflichen Belastung hat Kiras Sexualtrieb gelitten. Die beiden gingen davon aus, dass Kira wieder mehr Lust auf Sex bekommen würde, wenn sie sich in ihrer neuen Heimat und an ihrem neuen Arbeitsplatz eingelebt hätten. Doch das ist inzwischen ein Jahr her, und allmählich hat Katie genug davon, immer wieder Annäherungsversuche zu machen, die offenbar unbemerkt an Kira abprallen. Katies wachsende Unzufriedenheit hat dazu geführt, dass die beiden sich mittlerweile wegen »sexueller Probleme« in Therapie befinden.

WAS IST LOS?

Offensichtlich ist Katie unzufrieden damit, wie ihre Beziehung zurzeit läuft. Menschen in Katies Situation haben oft ein schlechtes Gewissen, weil sie den Partner zum Sex drängen. Und wenn ihre Bemühungen um eine sexuelle Kontaktaufnahme immer wieder abgelehnt werden, fühlen sie sich zurückgewiesen. Der Partner, der in Kiras Situation steckt, fühlt sich wiederum häufig überfordert und entwickelt mit der Zeit Abneigung. Denn wenn jemand ohnehin schon überlastet ist, empfindet er Sex oft nur noch als zusätzliche Verpflichtung, die er erfüllen muss.

Es kommt ziemlich häufig vor, dass die sexuelle Chemie zwischen Paaren, die unter starkem Stress stehen, nicht mehr stimmt. Durch mehrere einschneidende Veränderungen (Schulabschluss, Umzug, neuer Job) und die damit zusammenhängende Belastung ist in Kiras und Katies Sexualleben eine Flaute eingetreten. Das ist eigentlich etwas ganz Normales: Alle Paare, die schon länger zusammen sind, erleben im Lauf der Zeit ein gewisses Auf und Ab in ihrer sexuellen Beziehung. In unserer Kultur interpretiert man das als Anzeichen für ein Beziehungsproblem, doch das stimmt nicht ganz. Denn selbst in den gesündesten, engsten Beziehungen haben Menschen manchmal mehr und manchmal weniger Sex. Lassen Sie sich also von einer vorübergehenden sexuellen Funkstille nicht aus der Fassung bringen.

SPRECHEN SIE DAS PROBLEM AN!

1. Bevor Sie das Gespräch mit Ihrem Partner suchen, hören Sie erst einmal kurz in sich hinein. In welcher körperlichen, geistigen und seelischen Verfassung befinden Sie sich? Hat einer von Ihnen Hunger, ist müde oder erschöpft? Falls ja, kümmern Sie sich zuerst um diese Grundbedürfnisse und vereinbaren Sie bei Bedarf einen neuen Termin für Ihr Gespräch.

2. Suchen Sie sich ein ruhiges Plätzchen, an dem Sie ungestört sind. Vielleicht ist es sinnvoll, das Haus zu verlassen, einen Spaziergang im Park zu machen oder Ihr Gespräch notfalls sogar im Auto zu führen.

3. Praktizieren Sie Fähigkeit Nr. 11 (Emotionale Übereinstimmung herstellen, Seite 76), um das Gespräch von Anfang an in eine positive Richtung zu lenken.

4. Besinnen Sie sich auf Fähigkeit Nr. 16 (Verantwortung übernehmen, statt dem Partner die Schuld zuzuschieben, Seite 93), damit Sie Ihrem Partner keine

Vorwürfe wegen Ihrer sexuellen Entfremdung machen, sondern selbst die Verantwortung dafür übernehmen.

5. Lesen Sie sich meine Ausführungen zu Fähigkeit Nr. 2 (Emotionale Reaktionsmuster erkennen, Seite 30) und Nr. 3 (Emotionale Reaktionsmuster durchbrechen, Seite 34) noch einmal durch, um sich über Ihre individuellen Bedürfnisse klar zu werden und die Gefühle, die bei solchen Gesprächen in Ihnen aufsteigen, besser zu verstehen.

6. Arbeiten Sie noch mal in aller Ruhe die Abschnitte über folgende Fähigkeiten durch: Nr. 21 (Einen sicheren Raum für Intimität schaffen, Seite 114), Nr. 22 (Mehr körperliche Intimität aufbauen, Seite 117), Nr. 23 (Emotionale, spirituelle und geistige Intimität, Seite 121), Nr. 24 (Funktionelle oder familiäre Intimität fördern, Seite 124) und Nr. 25 (Bedürfnisse nach Intimität in einer Beziehung erkennen, Seite 127). So verschaffen Sie sich mehr Klarheit über Ihre persönlichen Intimitätsbedürfnisse und die Ihres Partners.

TIPP Denken Sie auch darüber nach, in welchen Bereichen Ihre Beziehung stark und belastbar ist. Vielleicht können Sie diese Stärken nutzen, um die Flaute in Ihrem Schlafzimmer zu überwinden.

DISKUSSIONSPUNKTE

Jeder Mensch verfügt über sexuelle Bremsen und Gaspedale. Wenn es Ihnen gelingt, diese Mechanismen besser zu verstehen, können Sie Ihre sexuelle Beziehung vielleicht verbessern und wieder mehr positive sexuelle Erfahrungen machen.

Überlegen Sie, was Sie sexuell ausbremst. Es gibt vieles, was unsere sexuelle Erregung hemmt oder vielleicht sogar völlig zum Erliegen bringt: Vielleicht törnt irgendetwas an Ihrer Umgebung, Ihren Sinneswahrnehmungen, Interpretationen oder Fantasien Sie ab? Denken Sie darüber nach und besprechen Sie Ihre Erkenntnisse dann mit dem Partner. Aber achten Sie darauf, ihm dabei keine Vorwürfe zu machen, sondern lediglich Wünsche zu äußern.

PROBLEM NR. 2

Kein Sex

Hanna und Marcel wohnen in St. Louis und sind in ihrem Freundes- und Bekanntenkreis sehr beliebt. Sie haben zwei Kinder, Tasha (sechs) und Kevin (acht), die sie abgöttisch lieben, und bezeichnen sich selbst als tolles Team. Sie stehen im Mittelpunkt ihres sozialen Universums, leiten Spendenaktionen, organisieren Veranstaltungen und richten Weihnachtsfeiern für ihr großes soziales Netzwerk aus. Die beiden gehen immer sehr liebevoll miteinander um, halten oft Händchen und lächeln sich gegenseitig zu. Aufgrund ihrer positiven Ausstrahlung wirken sie sehr anziehend auf andere Menschen, es macht Spaß, mit ihnen zusammen zu sein.

Außerdem sind Hanna und Marcel sehr erfolgreiche, warmherzige Führungskräfte – zwei Menschen mit geradezu magischer Ausstrahlung. Ihre Freunde und Bekannten wären entsetzt, wenn sie erführen, dass bei den beiden schon seit über drei Jahren eine totale Flaute im Bett herrscht, durch die ihre liebevolle Beziehung mit der Zeit ziemlich abgekühlt ist. Irgendwann ist es mit ihrem Sexleben bergab gegangen, und weder Hanna noch Marcel wissen, wie sie es wieder in Gang bringen können.

Früher war ihr Liebesleben sehr befriedigend, doch inzwischen wirkt es fast so, als hätten diese beiden großartigen Menschen vergessen, wie man Sex miteinander hat.

WAS IST LOS?

In der heutigen Zeit kommt das Liebesleben bei viel beschäftigten Paaren oft zum Erliegen. Vielen Paaren ist alles Mögliche wichtiger als der Sex: Beruf, ehrenamtliche Tätigkeit, Studium, Kinder ... Manchmal vernachlässigen sie ihr Sexleben jahrelang wegen anderer Dinge. In meiner Praxis erlebe ich das ständig, und die meisten Paare verbergen es sehr gut vor ihren Freunden und Bekannten, die glauben, dass sie eine perfekte Beziehung führen.

Weil sie ihre Probleme vor ihrem sozialen Umfeld verheimlichen, fühlen solche Menschen sich oft sehr isoliert. Außerdem gehen viele Paare davon aus, dass ihr Sexualleben sich mit der Zeit schon von selbst wieder normalisieren wird, ohne dass sie etwas dafür zu tun brauchen, doch das ist leider ein gängiger Irrglaube. Normalerweise muss man sich um sexuelle Intimität genauso intensiv bemühen wie um alle anderen Aspekte einer gesunden Beziehung, sonst geht sie im Lauf der Jahre irgendwann verloren. Je hektischer unser Leben ist, umso schwieriger, aber auch wichtiger ist es, uns immer wieder Zeit für sinnliche, erotische Begegnungen zu nehmen.

SPRECHEN SIE DAS PROBLEM AN!

1. Bevor Sie das Gespräch mit Ihrem Partner suchen, hören Sie erst einmal kurz in sich hinein. In welcher körperlichen, geistigen und seelischen Verfassung befinden Sie sich? Hat einer von Ihnen Hunger, ist müde oder erschöpft? Falls ja, kümmern Sie sich zuerst um diese Grundbedürfnisse und vereinbaren Sie bei Bedarf einen neuen Termin für Ihr Gespräch.

2. Suchen Sie sich ein ruhiges Plätzchen, an dem Sie ungestört sind. Vielleicht ist es sinnvoll, das Haus zu verlassen, einen Spaziergang im Park zu machen oder Ihr Gespräch notfalls sogar im Auto zu führen. Es ist einfacher, sexuelle Probleme außerhalb eines sexuellen Kontexts anzusprechen.

3. Praktizieren Sie eine Woche lang Fähigkeit Nr. 2 (Emotionale Reaktionsmuster erkennen, Seite 30): Achten Sie genau auf die subtilen Signale, mit denen Ihr Körper Ihnen anzeigt, dass Sie in der richtigen Stimmung für Sex oder zumindest offen für Nähe und Zärtlichkeit sind. Wenn Sie Ihre Bedürfnisse im Blick haben, können Sie solche Augenblicke besser erkennen und nutzen.

4. Teilen Sie Ihrem Partner mithilfe von Fähigkeit Nr. 8 (Dankbarkeit üben, um die emotionale Beziehung zu stärken, Seite 63) Ihre Dankbarkeit für frühere

beglückende sexuelle Begegnungen mit und lassen Sie ihn an Ihren erotischen Zukunftsfantasien teilhaben. Den meisten Paaren gelingt es, das Feuer der erotischen Anziehung in ihrer Beziehung neu zu entfachen, indem sie sich an positive sexuelle Erlebnisse erinnern und sich gemeinsamen Fantasien hingeben – und zwar am besten dann, wenn sie gerade keinen Sex miteinander haben. Es ist aber auch wichtig, unabhängig vom Sex körperlichen Kontakt zu suchen. Solche körperlichen Zuneigungsbeweise können dazu beitragen, festgefahrene sexuelle Muster zu verändern.

5. Versuchen Sie mithilfe von Fähigkeit Nr. 4 (Schluss mit kognitiven Verzerrungen!, Seite 40) herauszufinden, inwiefern Ihre eigenen Gedanken Ihrer sexuellen Beziehung im Weg stehen. Selbst Paare wie Hanna und Marcel, die – rein äußerlich betrachtet – eine sehr positive Beziehung führen, verrennen sich oft in solchen Denkmustern und müssen hin und wieder auf die mentale »Neustart-Taste« drücken.

TIPP Verabreden Sie sich ruhig mal zu einem »Sexdate« mit Ihrem Partner, bei dem Sie sich ausreichend Zeit für körperliche Nähe nehmen, die beiden Partnern Vergnügen bereiten soll.

DISKUSSIONSPUNKTE

Manchen Menschen fällt es schwer, sich voller Selbstvertrauen auf eine sexuelle Begegnung einzulassen. Doch wer kein Selbstvertrauen besitzt, hat normalerweise auch keine erotische Ausstrahlung. Selbst sehr attraktive Menschen haben manchmal Probleme mit ihrem Selbstvertrauen, weil sie so hohe Ansprüche an sich selbst stellen, dass sie sich zwangsläufig immer unzulänglich fühlen.

Achten Sie in der kommenden Woche einmal darauf, welche Voraussetzungen erfüllt sein müssen, damit Sie sich sexuell attraktiv finden. Sobald Ihre Liste vollständig ist, bemühen Sie sich darum, sich sexy zu fühlen, indem Sie jeden Tag eine dieser Voraussetzungen schaffen.

PROBLEM NR. 3

Den Partner an neuen sexuellen Fantasien teilhaben lassen

Bea war nicht immer die selbstbewusste Frau, die sie heute – mit 38 Jahren – ist. Inzwischen macht sie Weltreisen und liest alle Ratgeber zum Thema Selbstoptimierung, die sie in die Finger bekommt. Früher jedoch war sie aufgrund ihrer religiösen Erziehung sexuell sehr gehemmt. Seither hat sie sich intensiv mit ihren sexuellen Schamgefühlen auseinandergesetzt und versucht, ihre Hemmungen zu überwinden. Nun genießt sie endlich die Früchte dieser harten Arbeit.

Bea versuchte es mit Onlinedating in der Hoffnung, ihr neues sexuelles Ich auf diesem Weg immer besser kennen und genießen zu lernen. Doch als sie auf der Datingwebseite Patricks Profil entdeckte, änderte sich alles: Die Chemie zwischen den beiden stimmte auf Anhieb, sodass sie auf weitere Dates verzichtete, um möglichst viel Zeit mit ihm zu verbringen.

Schon bei ihrer ersten sexuellen Begegnung spürte Bea, dass diese Beziehung anders war als ihre früheren Männerbekanntschaften. Wenn sie mit Patrick zusammen war, konnte sie ganz ungeniert sie selbst sein. Allerdings hätte sie auf sexuellem Gebiet auch gerne ein bisschen mehr herumexperimentiert. Wie aber konnte sie mit ihm über ihre sexuellen Wünsche reden, ohne ihn abzuschrecken?

WAS IST LOS?

Vielen Menschen fällt es schwer, offen über sexuelle Fantasien und Interessen zu sprechen. Doch neue Aspekte unserer Sexualität zu entdecken, ist ein ganz normaler Bestandteil des Lebens – und zwar ein so wichtiger, dass Sie ihn unbedingt mit Ihrem Partner teilen sollten. Bea und Patrick sollten einen wertfreien Raum schaffen, in dem sie ohne Hemmungen über ihre sexuellen Bedürfnisse reden können.

Es ist gar nicht so ungewöhnlich, dass die sexuellen Interessen eines Menschen sich im Lauf seines Lebens erweitern und verändern. Also achten Sie darauf, dass Sie und Ihr Liebster sich genügend Zeit für sexuelle Spiele und Entdeckungsreisen nehmen, damit Ihre Wünsche nicht unentdeckt und unerfüllt bleiben.

SPRECHEN SIE DAS PROBLEM AN!

1. Bevor Sie das Gespräch mit Ihrem Partner suchen, hören Sie erst einmal kurz in sich hinein. In welcher körperlichen, geistigen und seelischen Verfassung befinden Sie sich? Hat einer von Ihnen Hunger, ist müde oder erschöpft? Falls ja, kümmern Sie sich zuerst um diese Grundbedürfnisse und vereinbaren Sie bei Bedarf einen neuen Termin für Ihr Gespräch.

2. Suchen Sie sich ein ruhiges Plätzchen, an dem Sie ungestört sind. Vielleicht ist es sinnvoll, das Haus zu verlassen, einen Spaziergang im Park zu machen oder Ihr Gespräch notfalls sogar im Auto zu führen.

3. Bereiten Sie zunächst mithilfe von Fähigkeit Nr. 6 (Einen sicheren Raum für Verletzlichkeit schaffen, Seite 54) eine gute Basis für dieses Gespräch und klären Sie mithilfe von Fähigkeit Nr. 11 (Emotionale Übereinstimmung herstellen, Seite 76) ab, ob Ihr Partner mit Ihnen über dieses Thema sprechen möchte. Denken Sie darüber nach, welche Voraussetzungen erfüllt sein müssen, damit Sie so offen wie möglich miteinander reden können.

4. Helfen Sie Ihrem Partner mithilfe von Fähigkeit Nr. 12 (Emotionale Kompetenz entwickeln, Seite 81) und Nr. 13 (Einen einfühlsamen Kommunikationsstil entwickeln, Seite 83), sich gedanklich auf Ihre sexuellen Fantasien einzulassen und sie zu akzeptieren, auch wenn er diese Fantasien nicht teilt.

TIPPS Sie müssen nicht unbedingt beide die gleichen Fantasien haben, um eine gute Beziehung zu führen. Der eine Partner ist vielleicht neugieriger auf bestimmte sexuelle Praktiken als der andere. Es kommt nur darauf an, einen wertfreien Raum zu schaffen, in dem jeder seinen Ideen Ausdruck verleihen kann.

Oft entwickeln Menschen Fantasien, die sie eigentlich gar nicht ausleben wollen. Versuchen Sie deshalb zunächst zu klären, inwieweit Ihr Partner seine Vorstellungen tatsächlich in die Realität umsetzen möchte, bevor Sie voreilig darüber nachdenken, was seine Wünsche für Sie bedeuten könnten.

DISKUSSIONSPUNKTE

Bei Ihren Gesprächen über Sex kann Ihnen vielleicht Fähigkeit Nr. 29 (Sich auf den Partner zu- und von ihm wegbewegen, Seite 138) weiterhelfen: Achten Sie darauf, wann Sie im Hinblick auf sexuelle Themen auf Ihren Partner zugehen, sich von ihm entfernen oder womöglich sogar gegen ihn wenden. Wie oder wann sind diese Abwehrmechanismen für Sie hilfreich? Wie oder wann stehen sie Ihnen im Weg?

PROBLEM NR. 4

Sexuelle Lustlosigkeit

Als Adam zu mir in die Praxis kam, machte er einen ziemlich ungeduldigen Eindruck. Früher waren er und Erika sehr zufrieden mit ihrem Sexleben gewesen, aber das war schon drei Jahre her. Mit der Zeit hatten sie immer seltener Lust aufeinander. Zuerst gingen sie ein paarmal pro Woche, dann einmal im Monat und schließlich nur noch alle Vierteljahr miteinander ins Bett. »Wir haben alles versucht«, sagte Adam, »aber irgendwie sind wir uns in puncto Sex nie einig.« Er fühlte sich ständig von ihr zurückgewiesen.

Erika, die zugab, dass ihr sexuelles Verlangen ein bisschen nachgelassen hatte, empfand das genauso. Obwohl sie im Bett inzwischen seltener die Initiative ergriff als früher, hatte sie das Gefühl, dass auch Adam nicht mehr so versessen auf Sex war wie zu Beginn ihrer Beziehung. Jedes Mal, wenn er desinteressiert wirkte, verspürte sie weniger Lust, beim nächsten Mal wieder auf ihn zuzugehen, bis sie es schließlich fast gar nicht mehr versuchte.

WAS IST LOS?

Bei vielen Paaren lässt die Leidenschaft im Lauf der Zeit nach. Doch zum Glück gibt es ein paar einfache Strategien für den Umgang mit diesem Problem. Am wichtigsten ist es, ehrlich, ungeniert und freundlich miteinander über das Sexualleben zu sprechen. Paare sollten offen über ihre sexuellen Wünsche reden können, ohne sich gegenseitig zu verurteilen oder unter Druck zu setzen. Sie sollten nur sexuelle Praktiken betreiben, mit denen beide Partner einverstanden sind, und vorher absprechen, wie sie ihre Pläne und Aktivitäten auch während des Geschlechtsakts noch ändern können, ohne dass einer von beiden sich deshalb gekränkt fühlt. Wenn Ihnen das gelingt, sind Sie gut dafür gerüstet, mit den Veränderungen umzugehen, die in Ihrem Sexleben im Lauf der Jahre mit Sicherheit eintreten werden.

Außerdem sollten beide Partner neben ihrer Beziehung noch ein eigenständiges Leben führen und über gute Fähigkeiten zur Selbstfürsorge und Stressbewältigung verfügen. Partnern mit mehr persönlichem Handlungsspielraum und Selbstvertrauen, die kreativer sind und sich besser entspannen können, gelingt es leichter, ihre sexuelle Energie zu entfalten.

Denken Sie daran, dass Sie mit Ihrem Problem nicht allein dastehen. Vielen Menschen fällt es schwer, über Sex zu reden. Sie empfinden es einfach als zu riskant, fühlen sich verletzlich oder empfinden es vielleicht sogar als zu erregend, von Angesicht zu Angesicht mit ihrem Partner über solche Themen zu diskutieren. Überlegen Sie, in welchem Umfeld es Ihnen am leichtesten fällt, offen und ehrlich über sexuelle Erfahrungen und Wünsche zu sprechen.

SPRECHEN SIE DAS PROBLEM AN!

1. Bevor Sie das Gespräch mit Ihrem Partner suchen, hören Sie erst einmal kurz in sich hinein. In welcher körperlichen, geistigen und seelischen Verfassung befinden Sie sich? Hat einer von Ihnen Hunger, ist müde oder erschöpft? Falls ja, kümmern Sie sich zuerst um diese Grundbedürfnisse und vereinbaren Sie bei Bedarf einen neuen Termin für Ihr Gespräch.

2. Suchen Sie sich ein ruhiges Plätzchen, an dem Sie ungestört sind. Vielleicht ist es sinnvoll, das Haus zu verlassen, einen Spaziergang im Park zu machen oder Ihr Gespräch notfalls sogar im Auto zu führen.

3. Wenn es Ihnen und Ihrem Partner genauso geht wie Erika und Adam, sollten Sie zunächst einmal mithilfe von Fähigkeit Nr. 21 (Einen sicheren Raum für

Intimität schaffen, Seite 114) den Boden für Ihr Gespräch über sexuelle Intimität bereiten. Überlegen Sie gemeinsam, was Ihnen helfen kann, sich bei diesem Gespräch wohl- und sicher zu fühlen.

4. Als Nächstes können Sie sich auf die Frage konzentrieren, welche Voraussetzungen erfüllt sein müssen, damit Sie sich beide sexy (oder selbstsicher), entspannt und offen für eine sexuelle Begegnung fühlen. Wenn Sie diese Frage geklärt haben, wird es Ihnen in Zukunft besser gelingen, den optimalen Rahmen für sexuelle Intimitäten zu schaffen.

TIPPS Viele Menschen machen den Fehler, sexuelle Probleme persönlich zu nehmen. Versuchen Sie sich in diesem Gespräch auf die konkreten, objektiven Verhaltensweisen zu konzentrieren, die zu den sexuellen Problemen zwischen Ihnen und Ihrem Partner beitragen, statt diese Probleme als Zeichen persönlicher Unzulänglichkeit zu interpretieren (siehe Fähigkeit Nr. 14: Gedanken und Gefühle voneinander trennen, Seite 87).

Es erfordert viel Übung, bis Sie sich dabei wohlfühlen, offen über Ihre sexuellen Bedürfnisse zu reden. Das ist normal und geht vielen Paaren so. Führen Sie mit Ihrem Partner immer wieder solche Gespräche, auch wenn es Sie anfangs Überwindung kostet. Mit der Zeit wird es Ihnen leichter fallen, und Sie werden dabei auch mitfühlender mit sich selbst umgehen können.

DISKUSSIONSPUNKTE

Führen Sie diese Woche mit Ihrem Partner ein Gespräch über ein sexuelles Problem. Statt damit zu warten, bis eine sexuelle Begegnung nicht so verläuft wie geplant, sollten Sie sexuelle Probleme lieber dann ansprechen, wenn gerade keiner von Ihnen beiden mit dem anderen intim werden will. Gespräche über Sexualität sollten für Sie genauso normal werden wie solche über jedes andere Beziehungsthema. Auch solche Gespräche verlaufen besser, wenn sie nicht so emotionsgeladen sind.

PROBLEM NR. 5

Schlechter Sex

Niko und Kai hatten sich ein Jahr lang auf ihre erste Reise zum Bonnaroo Music Festival gefreut. Sie hatten gespart, Pläne gemacht, was sie sich dort alles gönnen wollten, und auch gehofft, dass dieses Erlebnis in ihrer Beziehung ein magischer Meilenstein sein würde.

Aber ihre erste Nacht im Zelt folgte auf einen langen Tag mit Partys und Alkohol. Kai war hundemüde, weil er den ganzen Tag in der Sonne gesessen und getrunken hatte; und Niko fühlte sich irgendwie abgehoben und von allem losgelöst. Kai beschloss, zeitig schlafen zu gehen, und zog sich ins Zelt zurück. Niko genehmigte sich noch ein paar Drinks und ging dann auch schlafen. Was anschließend passierte, haben die beiden nach den vielen Bieren nur noch verschwommen in Erinnerung, aber irgendwie endete der Tag in einem komplizierten Gewirr aus Sex und emotionalen Gesprächen, an die sich keiner genau erinnert.

Was beiden aber in Erinnerung geblieben ist, ist eine Nacht mit schlechtem Sex und schwierigen Gefühlen, und bisher ist es ihnen nicht gelungen, dieses Thema ohne fremde Hilfe aufzulösen.

WAS IST LOS?

Viele Paare erleben Nächte mit schlechtem Sex und es fällt ihnen schwer, darüber zu sprechen. Deshalb sollte man zunächst einmal einen sicheren Raum für Gespräche über sexuelle Erlebnisse und die damit einhergehende Verletzlichkeit schaffen. Das ist der beste Weg, um über verwirrende Gefühle hinwegzukommen und Missverständnisse auszuräumen. Normalerweise geht es bei sexuellen Problemen nicht nur um Sex. Sehr oft stecken auch andere Probleme dahinter, die etwas mit Kommunikation, Sicherheit, Intimität oder Selbstfürsorge zu tun haben – und mit den Grenzen, die man ziehen muss, um gut für sich selbst zu sorgen.

SPRECHEN SIE DAS PROBLEM AN!

1. Bevor Sie das Gespräch mit Ihrem Partner suchen, hören Sie erst einmal kurz in sich hinein. In welcher körperlichen, geistigen und seelischen Verfassung befinden Sie sich? Hat einer von Ihnen Hunger, ist müde oder erschöpft? Falls ja, kümmern Sie sich zuerst um diese Grundbedürfnisse und vereinbaren Sie bei Bedarf einen neuen Termin für Ihr Gespräch.
2. Suchen Sie sich ein ruhiges Plätzchen, an dem Sie ungestört sind. Vielleicht ist es sinnvoll, das Haus zu verlassen, einen Spaziergang im Park zu machen oder Ihr Gespräch notfalls sogar im Auto zu führen.
3. Versuchen Sie, anhand von Fähigkeit Nr. 6 (Einen sicheren Raum für Verletzlichkeit schaffen, Seite 54) und Nr. 21 (Einen sicheren Raum für Intimität schaffen, Seite 114) ein sicheres Fundament für Ihre Kommunikation über dieses heikle Thema zu bauen.

TIPP Wissenschaftlichen Untersuchungen zufolge enden Konflikte aller Wahrscheinlichkeit nach genau so, wie sie beginnen. Wenn Sie konfliktträchtige Diskussionen also mit innerer Offenheit und Mitgefühl anfangen, wird es Ihnen auch besser gelingen, diese mitfühlende Atmosphäre während des ganzen Gesprächs aufrechtzuerhalten.

DISKUSSIONSPUNKTE

Denken Sie an ein Erlebnis, bei dem Sie sich von Ihrem Partner gut verstanden gefühlt haben. Mit welchem Verhalten hat er Ihnen dieses Gefühl vermittelt?

8

BERUF UND KARRIERE

EIN BERUF, für den wir uns begeistern, und kreatives Schaffen gehören zu den größten Freuden in unserem Leben. Sie befriedigen unser Bedürfnis, einen sinnvollen Beitrag zu leisten und der Welt ein Vermächtnis zu hinterlassen, während wir gleichzeitig finanziell für unsere Familie sorgen. In diesem Kapitel geht es um die Frage, wie Arbeit und Beruf sich auf unsere intimen Beziehungen auswirken können.

PROBLEM NR. 6

Fehlende Klarheit über persönliche Ziele

Seit sie erwachsen ist, hat Sasha stets in Vollzeit gearbeitet. Sie hat alle ihre Ziele erreicht und steht jetzt kurz vor ihrem zehnjährigen Jubiläum in der Firma. Sie weiß, dass sie eigentlich stolz auf sich sein sollte. Trotzdem fühlt sie sich eher ein bisschen verwirrt.

»Wie bin ich eigentlich an diesen Punkt gekommen?«, fragt sie, als sie mir in meiner Praxis gegenübersitzt. »Mir ist, als hätte ich mir ein Hauptfach für mein Studium ausgesucht und wäre dann in den letzten 15 Jahren von einer Dynamik getragen worden, über die ich eigentlich nie nachgedacht habe. Ist dieser Weg überhaupt das, was ich mir vom Leben wünsche?«

Sashas Zweifel wirkt sich auch negativ auf ihr Privatleben aus. Ihrem langjährigen Partner Luis ist aufgefallen, dass sie in letzter Zeit einen etwas distanzierten Eindruck macht. Erwünscht sich von ihr wieder mehr Präsenz bei ihren gemeinsamen Abenden und im Bett. Doch auch zu Hause kann Sasha anscheinend nicht zu sich selbst finden, sodass am Ende beide verwirrt und enttäuscht sind und sich einander entfremdet fühlen. Am schlimmsten zeigen sich ihre Probleme in ihrem Sexualleben. Sasha hat einfach jedes Interesse am Sex verloren. Und letztendlich ist das der Grund, warum die beiden zu mir in die Paarberatung gekommen sind.

WAS IST LOS?

Sehr viele Paare kommen in meine Praxis, weil sie die mangelnde Präsenz ihres Partners (im Bett und auch in anderen Bereichen ihrer Beziehung) als frustrierend empfinden. Viele meiner Klienten sagen, dass sie selbst dann, wenn sie mit ihrem Partner zusammen sind, eigentlich nie das Gefühl haben, dass er wirklich präsent ist – entweder er hängt am Telefon, oder er denkt über seine Arbeit nach, statt sich um seine Partnerin zu kümmern.

Oft haben meine Klienten so viel Stress in ihrem Leben, dass sich früher oder später auch in sexueller Hinsicht ein Abgrund zwischen ihnen auftut. Denn wenn wir gestresst sind, fällt es uns sehr schwer, Lust zu empfinden und uns auf unseren Körper einzustimmen. Es ist wichtig, dass beide Partner Wege zur Stressbewältigung finden, um dem anderen und sich selbst gegenüber wieder präsenter sein zu können.

In Sashas Fall müssen außerdem das Unbehagen und das fehlende Engagement, das sie an ihrem Arbeitsplatz verspürt, angegangen werden, damit sie auch in ihrem Privatleben wieder Leidenschaft und Begeisterungsfähigkeit entwickeln kann. Bei meinen Vorträgen über Lust und sexuelles Verlangen in Beziehungen höre ich von meinen Zuhörern immer wieder, dass sie an einer allgemeinen Lustlosigkeit in ihrem Leben leiden und es ihnen schwerfällt, sexuelles Verlangen und sexuelle Leidenschaft zu empfinden. Wege zu persönlichem Engagement und persönlicher Leidenschaft zu suchen, ist also ein wichtiger erster Schritt, um diese beiden bedeutenden Empfindungen auch in Ihrem Liebesleben wiederzuentdecken.

SPRECHEN SIE DAS PROBLEM AN!

1. Bevor Sie das Gespräch mit Ihrem Partner suchen, hören Sie erst einmal kurz in sich hinein. In welcher körperlichen, geistigen und seelischen Verfassung befinden Sie sich? Hat einer von Ihnen Hunger, ist müde oder erschöpft? Falls ja, kümmern Sie sich zuerst um diese Grundbedürfnisse und vereinbaren Sie bei Bedarf einen neuen Termin für Ihr Gespräch.

2. Suchen Sie sich ein ruhiges Plätzchen, an dem Sie ungestört sind. Vielleicht ist es sinnvoll, das Haus zu verlassen, einen Spaziergang im Park zu machen oder Ihr Gespräch notfalls sogar im Auto zu führen.

3. Schaffen Sie zunächst mithilfe von Fähigkeit Nr. 21 (Einen sicheren Raum für Intimität schaffen, Seite 114) mehr Sicherheit für sich und Ihren Partner, damit

Sie ungehemmt über Ihre Bedürfnisse nach körperlicher Intimität sprechen können.

4. Beide Partner – vor allem die Person, die sich mit Sasha identifiziert – sollten sich vielleicht noch einmal intensiv mit Fähigkeit Nr. 2 (Emotionale Reaktionsmuster erkennen, Seite 30) und Nr. 26 (Erkennen, wann an Grenzen gearbeitet werden muss, Seite 131) auseinandersetzen. Denn sie müssen herausfinden, was sie wirklich brauchen, und anfangen, in ihrem Privat- und Arbeitsleben klarere Grenzen zu setzen.

TIPP Es kann sehr sinnvoll sein, sich während dieser Arbeit an Ihrer Beziehung gleichzeitig von einem Therapeuten oder Coach betreuen zu lassen. Denn oft führt der individuelle Stress eines Partners zu Beziehungskonflikten. Wenn das bei Ihnen der Fall ist und Sie beschließen, sich in Therapie zu begeben, kommen Sie dadurch vielleicht auch als Paar einen großen Schritt weiter. In unserer oben beschriebenen Geschichte könnte es Sasha beispielsweise weiterhelfen, sich einen Mentor, Coach, Therapeuten oder Berufsberater zu suchen.

DISKUSSIONSPUNKTE

Paare sollten ihre Bedürfnisse und Erwartungen im Hinblick auf das Thema Stressmanagement rechtzeitig miteinander besprechen, bevor Stress zu einem Problem zwischen ihnen wird. Hier ein paar Fragen, die Sie sich gegenseitig stellen könnten:

- Woran merke ich es, wenn du in Stress gerätst?
- Wie kann ich dich in Stresssituationen am besten unterstützen oder ermutigen?
- Wie soll ich dich darauf ansprechen, wenn ich mir Sorgen darüber mache, dass du zu gestresst bist?
- Was kann ich tun, damit du leichter durch deine Arbeitswoche kommst?

PROBLEM NR. 7

Karriere und persönliches Vermächtnis

Als Amanda und Adam ihre Hundetagesstätte gründeten, taten sie das einfach aus Liebe zu Hunden und weil sie sich eine Arbeit wünschten, die ein Lächeln auf ihre Lippen zaubert. Damals hatten sie keine Ahnung, dass aus diesem einfachen Wunschtraum eines Tages ein Unternehmen für Hundepflege, Tagesbetreuung und Haustiertraining mit mehreren Standorten in drei Bundesstaaten werden würde.

Obwohl die beiden mit ihrem Unternehmen großen Erfolg haben, fragt Adam sich allmählich, ob er mit seinem Leben nicht auch noch etwas anderes anfangen möchte – was Amanda wiederum in große Ängste stürzt, denn sie ist sich nicht sicher, ob ihr Mann einfach nur aus ihrem gemeinsamen Geschäft aussteigen oder sie womöglich gar verlassen möchte.

WAS IST LOS?

Für dieses Paar ist der berufliche Erfolg zu einem Teil seiner Identität geworden. Ich habe mit den beiden daran gearbeitet, die Verstrickung (Überidentifikation) zu lösen, die sie aneinander und an ihre Arbeit fesselt. Paaren, die beruflich zusammenarbeiten, fällt es oft schwer, unabhängig voneinander zwischenmenschliche Beziehungen aufzubauen und eigene Interessen zu verfolgen. Solche Paare sollten sich bemühen, mehr Spielraum für Autonomie zu schaffen und diese beiderseitige Unabhängigkeit mit der Zeit zu einem natürlichen Bestandteil ihrer Beziehung werden zu lassen.

SPRECHEN SIE DAS PROBLEM AN!

1. Bevor Sie das Gespräch mit Ihrem Partner suchen, hören Sie erst einmal kurz in sich hinein. In welcher körperlichen, geistigen und seelischen Verfassung befinden Sie sich? Hat einer von Ihnen Hunger, ist müde oder erschöpft? Falls ja, kümmern Sie sich zuerst um diese Grundbedürfnisse und vereinbaren Sie bei Bedarf einen neuen Termin für Ihr Gespräch.

2. Suchen Sie sich ein ruhiges Plätzchen, an dem Sie ungestört sind. Vielleicht ist es sinnvoll, das Haus zu verlassen, einen Spaziergang im Park zu machen oder Ihr Gespräch notfalls sogar im Auto zu führen.

3. Schaffen Sie mithilfe von Fähigkeit Nr. 12 (Emotionale Kompetenz entwickeln, Seite 81), Nr. 14 (Gedanken und Gefühle voneinander trennen, Seite 87) und Nr. 15 (Fragen stellen, Seite 90) einen geeigneten Rahmen, um über die Gefühle zu sprechen, die mit einem Karrierewechsel oder einer Veränderung Ihrer Zusammenarbeit einhergehen.

DISKUSSIONSPUNKTE

Fragen Sie Ihren Partner:

- ➔ Wie kann ich dich in deiner Unabhängigkeit unterstützen?
- ➔ Was kann ich tun, damit du mehr Zeit für dich selbst hast?
- ➔ Wie kann ich innerlich mit dir verbunden bleiben und dich gleichzeitig in deinem Bedürfnis nach Autonomie unterstützen?

PROBLEM NR. 8

Einen Sinn im Beruf erkennen

Brandon war schon immer ein lustiger Typ und der Mittelpunkt jeder Party. Er veranstaltet und moderiert oft Events für sein Unternehmen. Und 17 Jahre lang war Maxwell gerne der Mann an seiner Seite.

Doch in letzter Zeit ist Brandons Humor ein bisschen zu gehässig geworden. Er stichelt bezüglich Maxwells Tätigkeit bei einer gemeinnützigen Organisation, was dazu führt, dass die beiden sich bei Partys oft überstürzt von ihren Gastgebern verabschieden, um ihren Streit unter vier Augen fortzusetzen. Allmählich hat Maxwell das Gefühl, dass Brandon seine berufliche Tätigkeit nicht respektiert.

WAS IST LOS?

Im oben beschriebenen Fall ist Brandon wahrscheinlich nicht bewusst, dass sich hinter seinen Sticheleien ein Gefühl der Unsicherheit verbirgt. Ihm fällt auf, dass sein Körper altert, während Maxwell von Jahr zu Jahr jünger zu werden scheint. Allmählich macht er sich Sorgen darüber, für Maxwell nicht mehr attraktiv genug zu sein.

Doch in Wirklichkeit ist sein Sarkasmus die einzige Eigenschaft, die Maxwell an Brandon unattraktiv findet, also schadet er sich mit diesem Verhalten eigentlich nur selbst. In unserer Therapiesitzung wollte ich den beiden Wege aufzeigen, wie Brandon das Vertrauen zu seiner Beziehung mit Maxwell zurückgewinnen und den Schaden reparieren kann, den er mit seinem sarkastischen Humor angerichtet hat.

Als wir schließlich auf die beruflichen Zielsetzungen der beiden Männer zu sprechen kamen, erzählten sie mir von ihrer großen Unsicherheit im Hinblick auf ihre Arbeit. Brandon machte sich Sorgen darüber, mit seiner Tätigkeit nicht das sinnvolle Vermächtnis zu hinterlassen, das er sich eigentlich gewünscht hätte. Er beneidete Maxwell um sein Engagement zum Wohle der Allgemeinheit, der er mit seiner Arbeit einen wichtigen Dienst erwies. Maxwell dagegen erzählte, dass er sich in ihrer Beziehung schon immer unsicher gefühlt hatte, weil sein Freund mehr verdiente als er. Mit seiner kleinen Rente würde er auch im Alter keinen großen Beitrag zu ihrem Zusammenleben leisten können. Und er befürchtete, dass Brandon ihm das eines Tages übel nehmen könnte.

Unsere Beiträge zum Haushaltseinkommen in einer Beziehung, unser berufliches Vermächtnis und der Sinn unserer Arbeit sind schwierige Themen, die entsprechend komplexe Emotionen auslösen. Oft machen wir den Partner dann zur Zielscheibe unserer eigenen Unsicherheiten. Offene, ehrliche Gespräche über solche Probleme können helfen, mehr Verständnis füreinander aufzubringen und Missverständnisse zu vermeiden.

SPRECHEN SIE DAS PROBLEM AN!

1. Bevor Sie das Gespräch mit Ihrem Partner suchen, hören Sie erst einmal kurz in sich hinein. In welcher körperlichen, geistigen und seelischen Verfassung befinden Sie sich? Hat einer von Ihnen Hunger, ist müde oder erschöpft? Falls ja, kümmern Sie sich zuerst um diese Grundbedürfnisse und vereinbaren Sie bei Bedarf einen neuen Termin für Ihr Gespräch.

2. Suchen Sie sich ein ruhiges Plätzchen, an dem Sie ungestört sind. Vielleicht ist es sinnvoll, das Haus zu verlassen, einen Spaziergang im Park zu machen oder Ihr Gespräch notfalls sogar im Auto zu führen.

3. Mithilfe von Fähigkeit Nr. 13 (Einen einfühlsamen Kommunikationsstil entwickeln, Seite 83), Nr. 18 (Missverständnisse ausräumen, Seite 102) und Nr. 19 (Sich auf überzeugende Weise entschuldigen, Seite 104) können Sie sich für verletzende Bemerkungen entschuldigen und den dadurch entstandenen Schaden wiedergutmachen.

4. Lesen Sie sich noch einmal meine Ausführungen über Fähigkeit Nr. 27 (Zwischen Wünschen, Bedürfnissen und Anforderungen unterscheiden, Seite 133) und Nr. 28 (Um die Erfüllung eigener Bedürfnisse bitten, Seite 136) durch und überlegen Sie, wie Sie dieses Problem in Zukunft anders angehen könnten.

TIPPS Manchmal werden Menschen sarkastisch, um davon abzulenken, wie verletzt und unsicher sie sind. Dieses Wissen kann Ihnen vielleicht helfen, mehr Mitgefühl für Ihren Partner aufzubringen. Trotzdem sollten Sie ihn darum bitten, etwas an seinem Umgangston zu ändern. Denn es ist völlig verständlich, dass solche Bemerkungen Sie kränken, auch wenn Sie Verständnis für sein Verhalten haben.

Humor kann eine hervorragende Strategie sein, um Beziehungskonflikte zu entschärfen. Das gilt allerdings nicht für Sarkasmus und Sticheleien: Die können einen Konflikt noch mehr anheizen. Also achten Sie genau darauf, in welche Richtung Ihr Humor in Ihrer Partnerschaft geht!

DISKUSSIONSPUNKTE

Denken Sie in dieser Woche über folgende Fragen zum Thema Beruf und Humor nach:

- ➔ Wann oder inwiefern fühlen Sie sich im Hinblick auf Ihre Arbeit, Ihr Einkommen oder Ihr berufliches Vermächtnis unsicher? Wie könnten Sie mehr Gespräche über solche Themen mit Ihrem Partner führen?
- ➔ Inwiefern sind Sie stolz auf die Arbeit und das berufliche Vermächtnis Ihres Partners oder auf den Beitrag, den er zum Wohl der Gemeinschaft leistet? Fragen Sie ihn, wie Sie diesen Stolz auf eine Weise zum Ausdruck bringen können, die ihm guttut.
- ➔ Welche Rolle hat Humor in der Familie gespielt, in der Sie aufgewachsen sind? Wie ist Ihre Herkunftsfamilie mit Sarkasmus, Sticheleien oder Witzen umgegangen, wenn die Emotionen hochkochten? Was haben Sie daraus gelernt?
- ➔ Inwiefern haben Sie in dieser Hinsicht ähnliche Erfahrungen gemacht wie Ihr Partner? Wie unterscheiden sich Ihre Erfahrungen von seinen?

PROBLEM NR. 9

Visionen und langfristige Pläne

Schon als Kind träumte Sarah von einem Leben auf dem Land mit einer Auffangstation für Pitbullterrier und der Möglichkeit, Tomaten selbst anzubauen. Deshalb war sie ganz begeistert, als sie Joelle kennenlernte, die ihre Leidenschaft für unbewohnte Gegenden und die Versorgung herrenloser Vierbeiner zu teilen schien.

Doch als die beiden dann anfingen, sich Grundstücke im Osten von Oregon anzusehen, wurde Joelle nervös. Sie sehnte sich zwar einerseits nach einem Leben auf dem Land, war aber andererseits anscheinend noch nicht so weit, es umzusetzen. Sarah dagegen konnte es gar nicht schnell genug gehen.

Angesichts von Joelles plötzlichem Zögern zweifelte Sarah, ob ihre Freundin ihre Vision wirklich teilte, und begann auch andere Aspekte ihrer Beziehung zu hinterfragen.

Joelle dagegen fing an, sich über ihre eigene Identität Gedanken zu machen. Warum war sie so zögerlich? Ihre plötzliche Nervosität stellte vieles von dem infrage, was sie über sich selbst zu wissen glaubte. Und während Joelle sich mit diesen wichtigen persönlichen Fragen herumschlug, war sie gleichzeitig ständig mit Sarahs Bedürfnis nach Bestätigung konfrontiert, was ihre Verwirrung noch vergrößerte.

Schließlich kamen Sarah und Joelle zu mir, um einen Kompromiss zu erarbeiten, mit dem sie so lange leben konnten, bis sie beide für den Umzug aufs Land bereit waren.

WAS IST LOS?

Es kommt häufig vor, dass zwei Menschen sich in der Gewissheit ihrer Beziehung erschüttert fühlen, wenn ihre Pläne sich ändern. Dass Ihr Partner nervös wird, wenn Sie wichtige Lebensentscheidungen treffen oder Veränderungen bewältigen müssen, ist völlig normal. Sie sollten sich darauf gefasst machen, dass sich diese Nervosität bei Ihnen beiden jeweils anders äußert. Wenn wir das als normalen Bestandteil eines Veränderungsprozesses betrachten, können wir diesen Prozess leichter überstehen und dabei toleranter miteinander umgehen.

Ich wollte den beiden dabei helfen, eine neue gemeinsame Zukunftsvision zu entwickeln und herauszufinden, welche Erfolge sie gemeinsam feiern könnten, wenn sie auf ihrem Weg allmählich vorwärtskamen. Denn das kann dazu beitragen, das Vertrauen und Zusammengehörigkeitsgefühl zwischen zwei Menschen wiederherzustellen.

SPRECHEN SIE DAS PROBLEM AN!

1. Bevor Sie das Gespräch mit Ihrem Partner suchen, hören Sie erst einmal kurz in sich hinein. In welcher körperlichen, geistigen und seelischen Verfassung befinden Sie sich? Hat einer von Ihnen Hunger, ist müde oder erschöpft? Falls ja, kümmern Sie sich zuerst um diese Grundbedürfnisse und vereinbaren Sie bei Bedarf einen neuen Termin für Ihr Gespräch.

2. Suchen Sie sich ein ruhiges Plätzchen, an dem Sie ungestört sind. Vielleicht ist es sinnvoll, das Haus zu verlassen, einen Spaziergang im Park zu machen oder Ihr Gespräch notfalls sogar im Auto zu führen.

3. Versuchen Sie, mithilfe von Fähigkeit Nr. 1 (Sich Verhaltensmuster bewusst machen, Seite 13) Ihre Standardverhaltensmuster in Beziehungen zu erkennen. Dann können Sie und Ihr Partner sich leichter über Ihre unterschiedlichen Sichtweisen klar werden. Und vielleicht gelingt es Ihnen dann auch eher, die Situation mit den Augen des anderen zu sehen.

4. Als Nächstes lesen Sie sich die Abschnitte zu Fähigkeit Nr. 6 (Einen sicheren Raum für Verletzlichkeit schaffen, Seite 54) und Nr. 7 (Neugierig sein, statt Urteile zu fällen, Seite 59) noch einmal durch, um dieses Gespräch über die Veränderungen in Ihrem Leben mit größerem Einfühlungsvermögen führen zu können.

TIPP Paare, die eine gesunde Beziehung haben, passen sich an Veränderungen in ihrem Leben an. Nur weil Ihr Leben sich verändert, heißt das nämlich noch lange nicht, dass es um Ihre Partnerschaft schlecht bestellt ist. Wenn Sie in der Lage sind, Herausforderungen mit Offenheit, Neugier und Engagement zu begegnen, ist das ein gutes Zeichen dafür, dass Sie sich innerlich weiterentwickeln.

DISKUSSIONSPUNKTE

Jedes Paar braucht eine gemeinsame Vision, auf deren Verwirklichung es hinarbeiten kann. Das kann zum Beispiel ein Konzertbesuch, der Traum vom gemeinsamen Altwerden oder irgendetwas dazwischen sein. Dabei muss es sich nicht unbedingt um große Vorhaben handeln, aber es sollte die Absicht daraus hervorgehen, auch in Zukunft noch zusammen zu sein und Zeit miteinander zu verbringen.

Wenn Sie eine Vision haben, die Sie miteinander vereint, fühlen Sie sich in Ihrer Beziehung geerdet. Das macht Sie zu einem stärkeren Team, das auf ein gemeinsames Ziel hinarbeiten kann. Haben Sie noch keine festen Zielsetzungen für Ihre Partnerschaft, sollten Sie jetzt ein paar Ziele festlegen. Erstellen Sie eine Liste mit Abenteuern oder Erlebnissen, nach denen Sie sich beide sehnen. Das können zum Beispiel Reisen, Studienaufenthalte, bestimmte Erfahrungen oder Umbrüche im Leben sein, die Sie gemeinsam planen oder in Angriff nehmen können.

PROBLEM NR. 10

Transparenz, Ehrlichkeit und Vertrauen

»Ich weiß auch nicht, warum, aber Laura mag ihn einfach nicht«, erklärte Mia mir in unserer ersten Therapiesitzung. »Chris hat getan, was er konnte, um sie zu beeindrucken, aber sie verhält sich ihm gegenüber nach wie vor sehr distanziert.« Inzwischen haben die Spannungen zwischen Mias bester Freundin Laura und Mias Freund Chris so sehr zugenommen, dass ihre zwischenmenschliche Beziehung am Tiefpunkt angelangt ist.

Mia fühlt sich zwischen ihrer ältesten Freundin und ihrem Partner Chris hin- und hergerissen. Um Konflikten aus dem Weg zu gehen, erzählt sie ihm inzwischen, dass sie abends länger arbeiten muss, wenn sie sich mit Laura trifft. Aber das ist für sie nur eine Notlösung, denn Mia lügt nicht gerne.

Außerdem spürt Chris intuitiv, dass Mia etwas vor ihm verbirgt, und das macht ihn unsicher und eifersüchtig. Er fragt sich, was wohl hinter ihrer Geheimnistuerei steckt.

WAS IST LOS?

Mia braucht ein stärkeres Gefühl der Sicherheit; sie muss eine Möglichkeit finden, Chris angstfrei die Wahrheit zu sagen. Chris wiederum muss lernen, diese Informationen zu akzeptieren. Und wenn er über die Rolle, die Laura in Mias Leben spielt, unglücklich ist, muss er dieses innere Unbehagen eben aushalten. In einer Beziehung muss es auch Spielraum für Enttäuschungen geben. Beide Partner müssen fähig sein, damit umzugehen. Ansonsten besteht die Gefahr, dass ein Partner den anderen belügt, um Unannehmlichkeiten aus dem Weg zu gehen.

Wenn Sie oder Ihr Partner einander belügen, sollten Sie das als Warnsignal dafür betrachten, dass etwas an Ihren Grenzen verändert werden muss. Überlegen Sie, was Sie von Ihrem Partner brauchen, um sich in Zukunft sicher zu fühlen, wenn Sie ihm die Wahrheit sagen. Die negative Dynamik in der Beziehung von Paaren, die sich gegenseitig ständig belügen, lässt sich ohne professionelle Hilfe nur schwer bewältigen.

SPRECHEN SIE DAS PROBLEM AN!

1. Bevor Sie das Gespräch mit Ihrem Partner suchen, hören Sie erst einmal kurz in sich hinein. In welcher körperlichen, geistigen und seelischen Verfassung befinden Sie sich? Hat einer von Ihnen Hunger, ist müde oder erschöpft? Falls ja, kümmern Sie sich zuerst um diese Grundbedürfnisse und vereinbaren Sie bei Bedarf einen neuen Termin für Ihr Gespräch.

2. Suchen Sie sich ein ruhiges Plätzchen, an dem Sie ungestört sind. Vielleicht ist es sinnvoll, das Haus zu verlassen, einen Spaziergang im Park zu machen oder Ihr Gespräch notfalls sogar im Auto zu führen.

3. Mithilfe von Fähigkeit Nr. 1 (Sich Verhaltensmuster bewusst machen, Seite 23), Nr. 2 (Emotionale Reaktionsmuster erkennen, Seite 30) und Nr. 3 (Emotionale Reaktionsmuster durchbrechen, Seite 34) können Sie erkennen, in welche Standardverhaltensmuster Sie und Ihr Partner bei schwierigen Gesprächen verfallen.

4. Die Person, die in Chris' Situation steckt, kann mithilfe von Fähigkeit Nr. 14 (Gedanken und Gefühle voneinander trennen, Seite 87) versuchen, die Gedanken oder Werturteile über den Partner von den eigenen Gefühlen zu trennen.

5. Die Person, die sich eher mit Mia identifizieren würde, kann sich in Fähigkeit Nr. 18 (Missverständnisse ausräumen, Seite 102) und Nr. 19 (Sich auf überzeugende Weise entschuldigen, Seite 104) üben, um die Verantwortung für unehrliches Verhalten zu übernehmen. Sie sollte sowohl der Freundin als auch dem Partner versprechen, in Zukunft ehrlicher zu sein.

TIPP Jedes Paar hat andere Vorstellungen von Transparenz, Geheimhaltung und Privatsphäre. Es gibt nicht nur eine richtige Art, mit Unehrlichkeit in Beziehungen umzugehen, aber Sie und Ihr Partner sollten sich darüber einig sein, wo Sie die Grenzen ziehen.

DISKUSSIONSPUNKTE

Fragen Sie Ihren Partner:

- ➜ Welche Informationen dürfen wir voreinander geheim halten?
- ➜ Was kann ich tun, damit es dir leichter fällt, mir etwas anzuvertrauen?

PROBLEM NR. 11

Wenn Pläne sich ändern

Alena möchte sich beruflich verändern und weiß nicht, wie sie ihrem Partner Jeff das beibringen soll. Bisher hat sie den gemeinsamen Haushalt des Paares mit ihren beiden Friseursalons mitfinanziert, doch nun würde sie beruflich gern etwas anderes machen. Schon seit einiger Zeit hat sie keine Freude mehr an ihrer Arbeit und manchmal graut es ihr morgens förmlich davor.

Jeff war immer stolz auf Alenas berufliche Erfolge. Es ist nicht oft so, dass jemand in ihrem Alter schon seinen eigenen Friseursalon führt – erst recht nicht zwei. Seine eigene Arbeit bedeutet ihm nichts, aber er ist dankbar für das feste Gehalt und die Sozialleistungen. Seit einiger Zeit denkt Jeff darüber nach, seinen Job aufzugeben und zu studieren. Aber er hat Angst davor, Alena in Bedrängnis zu bringen, weil sie dann nicht mehr bei seiner Krankenversicherung mitversichert sein kann.

WAS IST LOS?

Viele Paare, die ich berate, kommen mit ihren Entscheidungen nicht weiter, weil sie bei ihren Gesprächen mit dem Partner kein klares Ziel vor Augen haben. Oft laufen solche Gespräche nach folgendem Muster ab: Partner A spricht ein Thema an, das bei Partner B Ängste auslöst, also reagiert Partner B verängstigt, statt Partner A die gewünschte Unterstützung zu bieten. Wenn wir solche Konflikte vermeiden wollen, müssen wir von Anfang an zielgerichtetere Dialoge führen.

Weder Alena noch Jeff hat viel Erfahrung mit bewussten Entscheidungsprozessen innerhalb einer Partnerschaft. Beide neigen zur Konfliktvermeidung: Das heißt, sie führen immer wieder über längere Zeit eine konfliktfreie Beziehung, in der nur hin und wieder explosionsartig Streitereien aufflammen. Und bei diesen Streitgesprächen kommt dann eine lange Liste von Klagen und Vorwürfen zur Sprache.

Bevor Sie ein Gespräch mit Ihrem Partner beginnen, sollten Sie sich darüber im Klaren sein, ob Sie nur seine Meinung hören oder gemeinsam mit ihm eine Entscheidung treffen möchten. Soll er Sie einfach unterstützen oder zusammen mit Ihnen an einer Lösung arbeiten?

SPRECHEN SIE DAS PROBLEM AN!

1. Bevor Sie das Gespräch mit Ihrem Partner suchen, hören Sie erst einmal kurz in sich hinein. In welcher körperlichen, geistigen und seelischen Verfassung befinden Sie sich? Hat einer von Ihnen Hunger, ist müde oder erschöpft? Falls ja, kümmern Sie sich zuerst um diese Grundbedürfnisse und vereinbaren Sie bei Bedarf einen neuen Termin für Ihr Gespräch.

2. Suchen Sie sich ein ruhiges Plätzchen, an dem Sie ungestört sind. Vielleicht ist es sinnvoll, das Haus zu verlassen, einen Spaziergang im Park zu machen oder Ihr Gespräch notfalls sogar im Auto zu führen.

3. Lesen Sie sich meine Ausführungen über Fähigkeit Nr. 12 (Emotionale Kompetenz entwickeln, Seite 81) und Nr. 13 (Einen einfühlsamen Kommunikationsstil entwickeln, Seite 83) noch einmal durch, um gute Voraussetzungen für ein Gespräch zu schaffen, das schwierig werden könnte.

4. Außerdem könnten Sie sich mithilfe von Fähigkeit Nr. 9 (Unlösbare Konflikte erkennen, Seite 68) darüber klar werden, welche Absicht Sie mit diesem Gespräch verfolgen.

5. Setzen Sie sich mithilfe von Fähigkeit Nr. 11 (Emotionale Übereinstimmung herstellen, Seite 76) ein Ziel für Ihr Gespräch. Möchten Sie nur die Meinung Ihres Partners hören, ihn für etwas um Erlaubnis bitten oder kann er Ihnen seine Unterstützung auf andere Weise zeigen? Wenn Sie ein klares Ziel vor Augen haben, wird es Ihnen beiden leichter fallen, partnerschaftlich darauf hinzuarbeiten.

TIPP Es ist nicht schlimm, wenn Sie und Ihr Partner größere und kleinere Entscheidungen auf unterschiedliche Weise angehen. Aber Sie brauchen bewusste und zielgerichtete Strategien für Ihre Gespräche über solche Entscheidungen.

DISKUSSIONSPUNKTE

Besprechen Sie mit Ihrem Partner Folgendes:

- ➔ Erzähl mir von einer Situation, in der du gut mit einer Veränderung fertiggeworden bist. Warum hat das damals so reibungslos geklappt?
- ➔ Wie gehst du damit um, wenn ein Plan geändert werden muss?
- ➔ Was könnte ich tun, um dich in Zeiten der Unsicherheit zu unterstützen?
- ➔ Was begeistert dich? Welches Vermächtnis möchtest du der Allgemeinheit mit deiner Arbeit hinterlassen?
- ➔ Wie kann ich dich in deinen Karriereträumen und beruflichen Leidenschaften unterstützen? Wie kann ich dich in deiner Kreativität unterstützen?

9

FINANZEN

FINANZIELLE PROBLEME sind in einer Beziehung oft besonders schwerwiegend, weil unser Selbstwertgefühl zu einem großen Teil auf unserem Berufsleben und unserem Einkommen beruht. In diesem Kapitel wollen wir ein paar der häufigsten Probleme und Spannungen bezüglich finanzieller Belange besprechen, mit denen Paare zu kämpfen haben. Als Nächstes werden wir versuchen, diese Probleme mithilfe der bereits besprochenen Kommunikationsfähigkeiten zu lösen.

PROBLEM NR. 12

Einfluss des Elternhauses auf den Umgang mit Finanzen

Alex ist in einer Familie aufgewachsen, die zur oberen Mittelschicht gehört. Sie hielt sich nie für besonders gut situiert, aber als es zwischen ihr und Darla ernst wurde, stellte sich heraus, dass sie beide doch eine sehr unterschiedliche Erziehung genossen hatten. Das wirkte sich auf ihre Gespräche über finanzielle Themen in ihrer Beziehung aus, denn in dieser Hinsicht hatten beide sehr unterschiedliche Erwartungshaltungen.

In Alex' Herkunftsfamilie war Geld nie ein Thema gewesen. Die Familie hatte keine finanziellen Probleme, und wenn, dann wurden ihre Eltern ohne Wissen der Kinder damit fertig. Darla dagegen war stets sehr genau darüber im Bilde, wann es ihren Eltern finanziell gut ging und wann sie knapp bei Kasse waren. Ihre Eltern sprachen ganz offen über ihre Geldsorgen.

Die beiden Frauen kamen zu mir in die Praxis, weil sie – obwohl ihre Beziehung ansonsten sehr gut lief – einfach nicht über Geld sprechen konnten, ohne dass die Emotionen hochkochten.

WAS IST LOS?

Es gibt drei wichtige Faktoren, die sich auf die Fähigkeit dieses Paares auswirken, über finanzielle Dinge zu sprechen: die Informationen, die sie in ihrer Herkunftsfamilie über Geld erhalten haben, die Verhaltensmuster, die ihre Eltern ihnen vorgelebt haben, und ihre Erfahrungen mit Gesprächen über Geld. Alex ist mit diesem Thema früher kaum in Berührung gekommen, während Darla schon in jungen Jahren erfahren musste, wie belastend finanzielle Probleme für eine Familie sein können.

Die meisten Paare haben sehr unterschiedliche Standardverhaltensmuster in Bezug auf Geld, finanzielle Entscheidungen und den Austausch von finanziellen Informationen. Wenn Sie sich diese Verhaltensmuster bewusst machen, können Sie Kommunikationslücken schließen und künftig ein sehr viel besseres Finanzteam sein als bisher.

Gehen Sie anders mit Geld um als Ihr Partner, muss das nicht unbedingt bedeuten, dass mit Ihrer Beziehung etwas nicht stimmt. Aber Sie sollten versuchen, konstruktive Gespräche über Ihre finanziellen Präferenzen und Unsicherheiten zu führen, um in dieser Hinsicht zu einem besseren Einverständnis zu kommen, statt sich womöglich voneinander zu entfremden.

SPRECHEN SIE DAS PROBLEM AN!

1. Bevor Sie das Gespräch mit Ihrem Partner suchen, hören Sie erst einmal kurz in sich hinein. In welcher körperlichen, geistigen und seelischen Verfassung befinden Sie sich? Hat einer von Ihnen Hunger, ist müde oder erschöpft? Falls ja, kümmern Sie sich zuerst um diese Grundbedürfnisse und vereinbaren Sie bei Bedarf einen neuen Termin für Ihr Gespräch.

2. Suchen Sie sich ein ruhiges Plätzchen, an dem Sie ungestört sind. Vielleicht ist es sinnvoll, das Haus zu verlassen, einen Spaziergang im Park zu machen oder Ihr Gespräch notfalls sogar im Auto zu führen.

3. Vergegenwärtigen Sie sich noch einmal Fähigkeit Nr. 6 (Einen sicheren Raum für Verletzlichkeit schaffen, Seite 54) und sprechen Sie dann mit Ihrem Partner darüber, wie Sie bei Gesprächen über Finanzen Sicherheit aufbauen können, damit dabei keiner von Ihnen beiden verletzt wird.

4. Nutzen Sie Fähigkeit Nr. 17 (Den Konfliktteufelskreis durchschauen, Seite 97), um Ihre Konfliktmuster zu erkennen, bevor Sie sich auf weitere schwierige Gespräche über dieses Thema einlassen.

5. Partner fühlen sich eher gehört und verstanden, wenn sie meine Ausführungen zu Fähigkeit Nr. 12 (Emotionale Kompetenz entwickeln, Seite 81) und Nr. 15 (Fragen stellen, Seite 90) beherzigen. Sie sollten sich fest vornehmen, einfühlsam zuzuhören, wenn Ihr Partner Bedenken oder Unsicherheiten in Bezug auf Geld äußert.

TIPP Es entspricht zwar unseren kulturellen Normen, dass Paare ihre Finanzen gemeinsam verwalten, es gibt aber keine Belege dafür, dass diese Vorgehensweise erfolgreicher ist als die Trennung bestimmter finanzieller Angelegenheiten. Für den Umgang mit ihren Finanzen gibt es kein Patentrezept für Paare. Treffen Sie einfach klare und selbstbewusste gemeinsame Entscheidungen in diesem Bereich.

DISKUSSIONSPUNKTE

Denken Sie an Ihren familiären Hintergrund zurück und halten Sie sich vor Augen, dass Sie in finanziellen Angelegenheiten vielleicht ganz andere Erfahrungen gemacht haben als Ihr Partner. Nutzen Sie die unten stehenden Fragen, um gemeinsam zurückzublicken:

- ➜ Wie war es, in finanziellem Überfluss aufzuwachsen?
- ➜ Wie war es, finanziell gerade so über die Runden zu kommen?
- ➜ Wie war es, nicht genug Geld zu haben?

PROBLEM NR. 13

Finanzielle Entscheidungen

Maggie war im Umgang mit Geld schon immer sehr vorsichtig. Seit ihrem ersten Job direkt nach dem Collegeabschluss hat sie regelmäßig etwas für ihr Alter gespart und erfreut sich einer hervorragenden Bonitätsbewertung bei ihrer Bank. Ihr Freund Jeremy war in dieser Hinsicht leider weniger besonnen und hat ein paar bittere finanzielle Lektionen lernen müssen.

Maggie und Jeremy kamen in meine Praxis, weil sie sich über eine gemeinsame Finanzplanung, die Miete und den Kauf eines Autos beim besten Willen nicht einig werden konnten. Sie brauchten einen Vermittler, der ihnen bei der Klärung dieser Fragen half.

WAS IST LOS?

Maggie und Jeremy haben unterschiedliche Taktiken entwickelt, um mit Geldknappheit in ihrem Leben umzugehen. Keiner von beiden macht etwas falsch, aber sie müssen einen Weg finden, sich jeweils anzunähern, damit dieses Thema sie nicht entzweit, sodass sie sich am Ende womöglich unsicher oder unverstanden fühlen.

Manche Menschen fühlen sich extrem verletzlich, wenn sie ein gemeinsames Konto mit ihrem Partner eröffnen. Bevor Sie sich dazu entschließen, sollten Sie ein ausführliches Gespräch dazu führen. Dabei sollten die Bedenken beider Partner zur Sprache kommen, um sicherzugehen, dass beiden bei dieser Entscheidung auch wirklich wohl zumute ist. Außerdem sollten Sie darüber nachdenken, warum gemeinsame Finanzen für Sie beide wichtig oder sinnvoll sind. Sie müssen als Paar kein gemeinsames Konto haben – schon gar nicht, wenn einer von Ihnen sich dabei nicht gut fühlt. Es gibt viele Möglichkeiten, auch ohne gemeinsames Konto bestimmte finanzielle Dinge zu regeln.

SPRECHEN SIE DAS PROBLEM AN!

1. Bevor Sie das Gespräch mit Ihrem Partner suchen, hören Sie erst einmal kurz in sich hinein. In welcher körperlichen, geistigen und seelischen Verfassung befinden Sie sich? Hat einer von Ihnen Hunger, ist müde oder erschöpft? Falls ja, kümmern Sie sich zuerst um diese Grundbedürfnisse und vereinbaren Sie bei Bedarf einen neuen Termin für Ihr Gespräch.

2. Suchen Sie sich ein ruhiges Plätzchen, an dem Sie ungestört sind. Vielleicht ist es sinnvoll, das Haus zu verlassen, einen Spaziergang im Park zu machen oder Ihr Gespräch notfalls sogar im Auto zu führen.

3. Vergegenwärtigen Sie sich zunächst noch einmal Fähigkeit Nr. 10 (Dem Partner einen Vertrauensvorschuss einräumen, Seite 72) und Nr. 8 (Dankbarkeit üben, um die emotionale Beziehung zu stärken, Seite 63), um eine positive, auf einer Haltung der Dankbarkeit beruhende Gesprächsatmosphäre zu schaffen.

4. Lesen Sie meine Ausführungen zu Fähigkeit Nr. 12 (Emotionale Kompetenz entwickeln, Seite 81) und Nr. 15 (Fragen stellen, Seite 90) noch einmal durch, um Ihre Kommunikation zu verbessern.

5. Versuchen Sie die Situation mithilfe von Fähigkeit Nr. 7 (Neugierig sein, statt Urteile zu fällen, Seite 59) aus der Perspektive Ihres Partners zu betrachten und bitten Sie ihn, das Gleiche zu tun.

TIPP Kluge Gespräche über Finanzen erfordern oft einiges an Zeit, um nachzudenken und Informationen zu sammeln. Planen Sie daher genügend Zeit für die oben beschriebenen Schritte ein, damit Sie und Ihr Partner die richtige Entscheidung treffen können.

DISKUSSIONSPUNKTE

Überlegen Sie, welche Hoffnungen und Bedenken Sie im Hinblick auf eine gemeinsame Kontoführung haben.

- ➜ Was könnte die gemeinsame finanzielle Verantwortung Ihnen als Einzelperson und als Paar bringen?
- ➜ Wenn Sie ein gemeinsames Konto haben, wie gehen Sie dann mit unerwarteten Kosten, Gewinnen und Ausgaben um?
- ➜ Falls Sie sich für getrennte Konten entscheiden: Wie informieren Sie sich gegenseitig über unvorhergesehene Kosten oder Ausgaben?

PROBLEM NR. 14

Beitrag zum Haushalt

Im Grunde seines Herzens war Claus schon immer ein Künstler, und Lola war beeindruckt von seiner Kreativität und seinen künstlerischen Visionen. Als Claus letztes Jahr den Job verlor, mit dem er sich finanziell über Wasser hielt, sahen die beiden das als Wink des Schicksals: Sicherlich bedeutete es, dass Claus sich von nun an stärker auf seine künstlerische Tätigkeit konzentrieren sollte.

Anfangs waren sie beide begeistert von den vielen kreativen Projekten, denen Claus sich nun widmen konnte. Doch schon bald fiel Lola auf, dass seine künstlerischen Aktivitäten ihm viel wichtiger waren als die gemeinsamen Aufgaben im Haushalt. Sie musste also einen Weg finden, ihn in seiner Karriere als Künstler zu unterstützen, während sie sich gleichzeitig mehr Unterstützung bei der Hausarbeit von ihm wünschte.

WAS IST LOS?

Den meisten Paaren gelingt es nicht, zielführende Gespräche über die jeweiligen Erwartungen bezüglich des gemeinsamen Haushalts zu führen. Doch manchmal ergeben sich Veränderungen im Leben, die sich auch auf die Verteilung der Hausarbeit auswirken. Und spätestens dann treten diese ungeklärten Erwartungen klar zutage. Das kann schnell Unstimmigkeiten in eine Beziehung bringen, wenn die Grenzen oder Erwartungen vorher nicht genau abgeklärt waren.

Wenn Sie nicht das Gefühl haben, mehr als Ihren gerechten Anteil an der Hausarbeit zu erledigen, tun Sie wahrscheinlich zu wenig. Bei den Paaren, die in dieser Hinsicht zu einer fairen Regelung gefunden haben, sind normalerweise beide Partner der Meinung, mehr als die Hälfte des Hausarbeitspensums zu übernehmen.

Werfen Sie daher einmal einen kritischen Blick auf Ihre Rolle und Ihre Verpflichtungen im Haushalt. Berücksichtigen Sie bei der Aufgabenverteilung Ihre individuellen Stärken, Prioritäten und Interessen, statt Arbeiten nur deshalb anzugehen, weil Sie sich dazu verpflichtet fühlen.

SPRECHEN SIE DAS PROBLEM AN!

1. Bevor Sie das Gespräch mit Ihrem Partner suchen, hören Sie erst einmal kurz in sich hinein. In welcher körperlichen, geistigen und seelischen Verfassung befinden Sie sich? Hat einer von Ihnen Hunger, ist müde oder erschöpft? Falls ja, kümmern Sie sich zuerst um diese Grundbedürfnisse und vereinbaren Sie bei Bedarf einen neuen Termin für Ihr Gespräch.

2. Suchen Sie sich ein ruhiges Plätzchen, an dem Sie ungestört sind. Vielleicht ist es sinnvoll, das Haus zu verlassen, einen Spaziergang im Park zu machen oder Ihr Gespräch notfalls sogar im Auto zu führen.

3. Rekapitulieren Sie in Gedanken noch einmal Fähigkeit Nr. 20 (Vertrauen aufbauen, indem man sich an seine Zusagen hält, Seite 109), um sich über die impliziten und expliziten Erwartungen und Verpflichtungen in Ihrer Beziehung klar zu werden.

4. Als Nächstes sollten Sie darüber nachdenken, was familiäre und funktionelle Intimität für Sie und Ihren Partner bedeutet. Lesen Sie sich dazu noch einmal den Abschnitt zu Fähigkeit Nr. 24 (Funktionelle oder familiäre Intimität fördern, Seite 124) durch, um diese Art von Intimität in Ihrer Beziehung auf sinnvolle Weise zu vertiefen.

5. Sprechen Sie über Fähigkeit Nr. 16 (Verantwortung übernehmen, statt dem Partner die Schuld zuzuschieben, Seite 93). Sie spielt für den Umgang mit Ihren gemeinsamen Verpflichtungen eine wichtige Rolle. Außerdem sollten Sie sich auf Fähigkeit Nr. 19 (Sich auf überzeugende Weise entschuldigen, Seite 104) besinnen, denn dann wird es Ihnen leichter fallen, in Zukunft bei Bedarf neue Vereinbarungen zu treffen.

TIPP Wenn Ihr Leben sich im Lauf der Zeit verändert, können Sie vielleicht nicht mehr so viel Zeit oder körperliche Energie in bestimmte Aufgaben investieren. Deshalb sollten Sie und Ihr Partner sich regelmäßig zusammensetzen und die Aufgaben- und Rollenverteilung in Ihrer Beziehung nach Bedarf neu überdenken.

DISKUSSIONSPUNKTE

Besprechen Sie folgende Fragen mit Ihrem Partner:

- Erzähl mir von einer Situation, in der du gut mit einer Veränderung fertiggeworden bist. Warum hat das damals so reibungslos geklappt?
- Wie gehst du damit um, wenn ein Plan geändert werden muss?
- Was könnte ich tun, um dich in Zeiten der Unsicherheit zu unterstützen?
- Was begeistert dich? Welches Vermächtnis möchtest du der Allgemeinheit mit deiner Arbeit hinterlassen?
- Wie kann ich dich in deinen Karriereträumen und beruflichen Leidenschaften unterstützen? Wie kann ich dich in deiner Kreativität unterstützen?

10

FAMILIE

IN UNSERER Kultur haben viele Paare ein ziemlich angespanntes Verhältnis zu ihrer angeheirateten Familie. In diesem Kapitel möchte ich darauf eingehen, wie und warum unsere Herkunftsfamilie Beziehungsprobleme verursachen kann. Außerdem möchte ich einige häufige Szenarien durchgehen und auf Fähigkeiten verweisen, mit deren Hilfe Sie ähnliche Probleme in Ihrer eigenen Beziehung in Zukunft leichter lösen können.

PROBLEM NR. 15

Angeheiratete Verwandte und unterschiedliche Familiennormen

Ryan und Michelle bekommen jedes Mal Probleme miteinander, wenn sie sonntags bei Michelles Schwester Tania zum Abendessen eingeladen sind. Bei diesen gemeinsamen Mahlzeiten sitzen alle Familienmitglieder um den Tisch herum, erzählen der Reihe nach, wie ihre Woche verlaufen ist, und bringen ihre Dankbarkeit dafür zum Ausdruck. Für Ryan ist Tania »kein furchtbarer Mensch, aber irgendwie komisch«. Er fühlt sich bei ihr nie wirklich wohl und würde sie lieber seltener besuchen.

Doch Michelle liebt ihre Schwester und wäre gerne öfter mit ihr zusammen. Sie findet es traurig, dass zwei so wichtige Menschen in ihrem Leben nichts miteinander anfangen können. Weil Ryan und Tania so gezwungen miteinander umgehen, fühlt auch sie sich angespannt – vor allem bei Familienfeiern, die ihr eigentlich viel bedeuten.

WAS IST LOS?

Dass Ryan und Michelles Schwester Tania sich nicht verstehen, kann mehrere Gründe haben. Es könnte zum Beispiel an den unterschiedlichen Normen in ihren Herkunftsfamilien liegen. Ryan ist in einer lauten und von Sarkasmus geprägten Familie aufgewachsen, in der immer etwas los ist. In seiner Familie werden Konflikte offen und direkt ausgetragen, es gibt meist sofort eine Aussprache. Ryan sieht seine Familie nicht oft – aber wenn, dann ist das immer ein lautes, liebevolles Fest mit Musik, Alkohol und Spielen.

Bei Tania dagegen laufen Sonntagsessen und Familientreffen an Feiertagen eher in gedämpfter Atmosphäre ab. Ryan fühlt sich bei Michelles Schwester unwohl, weil er ihren Haushalt als zu ordentlich und langweilig empfindet. Und obwohl sie es ihm bisher nie gesagt hat, ist Michelle, wenn sie seine Familie besucht, von dem ganzen Trubel normalerweise völlig überfordert.

Beide Lebensstile haben ihre Berechtigung. Die Herausforderung im Umgang mit der Herkunftsfamilie des Partners besteht darin, ein Verständnis für die dort herrschenden Normen zu entwickeln. Genau wie jede Nation hat auch jede Familie andere Normen; und manchmal kommen uns diese ungeschriebenen Gesetze nur deshalb sonderbar vor, weil wir sie nicht kennen. Versuchen Sie, den Traditionen und Verhaltensweisen Ihrer angeheirateten Verwandtschaft mit Neugier und Offenheit zu begegnen, statt sie zu verurteilen. Je aufgeschlossener, großzügiger und neugieriger Sie bei der Interpretation ihres Verhaltens sind, umso eher werden Sie Gemeinsamkeiten entdecken oder einiges vielleicht sogar schätzen lernen. Aber natürlich dürfen Sie in Beziehungen mit Menschen, bei denen Sie sich unwohl fühlen, auch immer Grenzen setzen.

SPRECHEN SIE DAS PROBLEM AN!

1. Bevor Sie das Gespräch mit Ihrem Partner suchen, hören Sie erst einmal kurz in sich hinein. In welcher körperlichen, geistigen und seelischen Verfassung befinden Sie sich? Hat einer von Ihnen Hunger, ist müde oder erschöpft? Falls ja, kümmern Sie sich zuerst um diese Grundbedürfnisse und vereinbaren Sie bei Bedarf einen neuen Termin für Ihr Gespräch.

2. Suchen Sie sich ein ruhiges Plätzchen, an dem Sie ungestört sind. Vielleicht ist es sinnvoll, das Haus zu verlassen, einen Spaziergang im Park zu machen oder Ihr Gespräch notfalls sogar im Auto zu führen

3. Arbeiten Sie an Fähigkeit Nr. 6 (Einen sicheren Raum für Verletzlichkeit schaffen, Seite 54) und Nr. 11 (Emotionale Übereinstimmung herstellen, Seite 76), um ein sicheres Umfeld für Gespräche über heikle Themen aufzubauen.

4. Beide Partner sollten sich in Fähigkeit Nr. 7 (Neugierig sein, statt Urteile zu fällen, Seite 59) üben und kritisch in sich hineinhören: Gibt es womöglich Vorurteile oder fehlerhafte Einschätzungen, die Sie daran hindern, einen guten Kontakt zur Familie Ihres Partners aufzubauen?

TIPP Akzeptieren Sie, dass Sie sich die Familie Ihres Partners vielleicht nicht unbedingt freiwillig ausgesucht hätten, aber sie gehört nun einmal zu Ihnen. Versuchen Sie daher, die Zeit, die Sie mit diesen Menschen verbringen, so angenehm – oder zumindest so friedlich – wie möglich zu gestalten. Vielleicht sollten Sie sich noch einmal den Abschnitt über Fähigkeit Nr. 3 (Emotionale Reaktionsmuster durchbrechen, Seite 34) durchlesen, um Selbstberuhigungsübungen für stressige Situationen im Kreis Ihrer angeheirateten Familie parat zu haben. Fähigkeit Nr. 26 (Erkennen, wann an Grenzen gearbeitet werden muss, Seite 131) kann Ihnen helfen, Ihre Grenzen gegenüber diesen Menschen abzustecken.

DISKUSSIONSPUNKTE

Grenzen können sich im Lauf der Zeit verändern. Denken Sie einmal an Beziehungen in Ihrem Leben zurück, in denen Sie bestehende Grenzen verändert haben, als es notwendig war. Stellen Sie sich dann folgende Fragen und besprechen Sie die Antworten mit Ihrem Partner:

- ➔ Woran habe ich erkannt, dass es an der Zeit war, meine Grenzen in diesen Beziehungen zu verändern?
- ➔ Wie kann ich die gleichen Warnsignale nutzen, um etwas an meinen heutigen Grenzen in zwischenmenschlichen Beziehungen zu verändern?

PROBLEM NR. 16

Grenzen innerhalb der Familie setzen

Elisabeth stand ihren Schwestern schon immer sehr nahe; sie hatten noch nie Geheimnisse voreinander. Doch als sie und Jason sexuelle Probleme bekamen, musste sie ihm versprechen, niemandem etwas davon zu erzählen. Bei einem Junggesellinnenabschied wurde Elisabeth von ihren Schwestern nach Details aus ihrem Eheleben befragt. Die Schwestern kamen immer wieder darauf zurück und nach mehreren Gläsern Wein ließ Elisabeth ein paar vage Andeutungen darüber fallen, dass es mit Jason im Bett Probleme gab.

Als sie nach Hause kam und Jason davon erzählte, wurde er wütend. Ihm war das furchtbar peinlich und deshalb wollte er ihre Schwestern an Weihnachten nicht sehen.

WAS IST LOS?

In meiner Praxis begegne ich nur wenigen Paaren, die in Bezug auf Geheimhaltung und Privatsphäre klare Grenzen gezogen haben. Das ist leider ein weitverbreiteter Fehler. Ich empfehle Ihnen dringend, über dieses Thema zu sprechen, statt sich dabei einfach auf Vermutungen zu verlassen. Denn sonst kann es leicht zu Missverständnissen zwischen Ihnen und Ihrem Partner kommen. Vor allem wenn es um die eigene Familie geht, haben Partner oft sehr unterschiedliche Vorstellungen von Privatsphäre.

SPRECHEN SIE DAS PROBLEM AN!

1. Bevor Sie das Gespräch mit Ihrem Partner suchen, hören Sie erst einmal kurz in sich hinein. In welcher körperlichen, geistigen und seelischen Verfassung befinden Sie sich? Hat einer von Ihnen Hunger, ist müde oder erschöpft? Falls ja, kümmern Sie sich zuerst um diese Grundbedürfnisse und vereinbaren Sie bei Bedarf einen neuen Termin für Ihr Gespräch.

2. Suchen Sie sich ein ruhiges Plätzchen, an dem Sie ungestört sind. Vielleicht ist es sinnvoll, das Haus zu verlassen, einen Spaziergang im Park zu machen oder Ihr Gespräch notfalls sogar im Auto zu führen.

3. Wenn Sie sich in einer ähnlichen Situation befinden wie Elisabeth, müssen Sie zunächst einmal den Vertrauensbruch in Ihrer Beziehung wiedergutmachen, bevor Sie damit beginnen können, Grenzen gegenüber der Familie des Partners zu ziehen. Praktizieren Sie Fähigkeit Nr. 18 (Missverständnisse ausräumen, Seite 102) und Nr. 19 (Sich auf überzeugende Weise entschuldigen, Seite 104), um Ihrem Partner klarzumachen, dass Ihr Verhalten Ihnen leidtut, und wieder Vertrauen aufzubauen.

4. Sobald die Vertrauensbasis wiederhergestellt ist (was einige Zeit dauern kann), setzen Sie Ihre Beziehungsarbeit mit Fähigkeit Nr. 26 (Erkennen, wann an Grenzen gearbeitet werden muss, Seite 131) fort.

5. Lesen Sie sich meine Ausführungen zu Fähigkeit Nr. 27 (Zwischen Wünschen, Bedürfnissen und Anforderungen unterscheiden, Seite 133) und Nr. 28 (Um die Erfüllung eigener Bedürfnisse bitten, Seite 136) noch einmal durch, um in Zukunft klare, vernünftige Grenzen setzen zu können, damit solche Probleme nicht wieder auftreten.

TIPP Falls dieses Familienproblem für Sie besonders schwierig sein sollte, können Sie bei Bedarf auch zuerst an anderen Problemen in Ihrer Beziehung arbeiten.

DISKUSSIONSPUNKTE

Wenn Sie als Paar eine schwierige Situation durchgemacht haben, sollten Sie anschließend immer darüber nachdenken, was Sie daraus gelernt haben. Nehmen Sie sich vor, sich jedes Mal, nachdem Sie ein Beziehungsproblem gelöst haben, über folgende Fragen auszutauschen:

- ➜ Was habe ich daraus über mich selbst gelernt?
- ➜ Was habe ich daraus über meinen Partner gelernt?
- ➜ Was würde ich mit meinem jetzigen Wissen in Zukunft anders machen?

PROBLEM NR. 17

Privatsphäre und Weitergabe von Informationen

Josefs enge Beziehung zu seiner Kollegin Allison (die für ihn fast schon so etwas wie eine »Ehefrau am Arbeitsplatz« ist) hat seine Frau Olivia bis zum letzten Sommer nicht gestört. Anfangs waren die beiden nach Feierabend mit Kollegen noch oft etwas trinken gegangen, doch irgendwann kamen die Kollegen nicht mehr mit, und Josef und Allison blieben beim Feierabenddrink zu zweit. Allison hat Probleme in ihrer Ehe und fragt dabei Josef gern um Rat.

Olivia weiß, dass zwischen den beiden nichts läuft, und hat hundertprozentiges Vertrauen zu Josef. Aber sie findet es nicht in Ordnung, dass die beiden über ihre jeweiligen Eheprobleme sprechen. Außerdem fürchtet sie, dass Josef Allison schon zu viel über ihre Ehe erzählt hat.

WAS IST LOS?

Es kommt nicht so selten vor, dass Partner ein unterschiedlich starkes Bedürfnis nach Privatsphäre und Geheimhaltung haben; das ist sogar einer der häufigsten Gründe für Meinungsverschiedenheiten in einer Partnerschaft. Normalerweise wird einer der beiden Partner dann beschuldigt, seinen Freunden und Bekannten zu viel über seine Beziehung zu erzählen, und dem anderen wird vorgeworfen, zu viel für sich zu behalten. Daher empfehle ich Paaren, gemeinsam eine Liste von Informationen zu erstellen, von denen außer ihrem Arzt oder Therapeuten niemand erfahren sollte. Dabei kann es sich um frühere gesundheitliche Probleme und sexuelle Schwachstellen, aber auch um Lebensbereiche handeln, in denen einer von beiden sich unsicher fühlt. In diese Liste sollten Paare auch Informationen aufnehmen, bei denen es eigentlich selbstverständlich sein sollte, dass man sie nicht weitererzählt (zum Beispiel: »Ich werde mit niemandem über deine traumatische Kindheit sprechen, ohne dich vorher um Erlaubnis gefragt zu haben«).

Natürlich ist es völlig in Ordnung, Ihren Partner nach seinen Freunden zu befragen. Schließlich ist das eine Möglichkeit, ihn besser kennenzulernen. Aber konzentrieren Sie sich dabei in erster Linie auf Ihren Partner, statt etwas über die andere Person erfahren zu wollen. Statt zu fragen: »Wie ist sie denn so?«, stellen Sie lieber Fragen wie »Was habt ihr gemeinsam?«. Richten Sie Ihr Augenmerk zu stark auf die andere Person, versäumen Sie die Chance, eine engere Beziehung zu Ihrem Partner aufzubauen.

SPRECHEN SIE DAS PROBLEM AN!

1. Bevor Sie das Gespräch mit Ihrem Partner suchen, hören Sie erst einmal kurz in sich hinein. In welcher körperlichen, geistigen und seelischen Verfassung befinden Sie sich? Hat einer von Ihnen Hunger, ist müde oder erschöpft? Falls ja, kümmern Sie sich zuerst um diese Grundbedürfnisse und vereinbaren Sie bei Bedarf einen neuen Termin für Ihr Gespräch.

2. Suchen Sie sich ein ruhiges Plätzchen, an dem Sie ungestört sind. Vielleicht ist es sinnvoll, das Haus zu verlassen, einen Spaziergang im Park zu machen oder Ihr Gespräch notfalls sogar im Auto zu führen.

3. Um sich zu erden, bevor Sie an einem so heiklen Thema arbeiten, rufen Sie sich zunächst einmal Fähigkeit Nr. 30 (Achtsam mit Konflikten umgehen, Seite 141) in Erinnerung.

4. Lesen Sie sich auch noch einmal den Abschnitt zu Fähigkeit Nr. 26 (Erkennen, wann an Grenzen gearbeitet werden muss, Seite 131) durch. Danach wird es Ihnen leichter fallen, ein sinnvolles Gespräch darüber zu führen, welche Informationen Sie mit anderen Menschen teilen möchten und welche nicht.
5. Fähigkeit Nr. 15 (Fragen stellen, Seite 90) kann Paaren helfen, sich über Grenzen klar zu werden und zu einem Einverständnis darüber zu gelangen.

TIPPS Viele Menschen glauben, dass Grenzen etwas Feststehendes sind, aber Grenzen müssen im Lauf der Zeit zwangsläufig mit uns mitwachsen und sich weiterentwickeln. Die Paare, deren Beziehung länger andauert, können normalerweise gut mit den sich jeweils verändernden Grenzen umgehen.

Ich lerne bei meiner Arbeit immer wieder Paare kennen, die davon ausgehen, dass ein Partner Monogamie, Untreue und die feine Grenze zwischen Freundschaft und Beziehung genauso definiert wie der andere. Doch das kann falsch sein. Also sprechen Sie lieber über dieses Thema, um sicherzugehen, dass Ihr Partner bestimmte Dinge genauso einschätzt wie Sie.

DISKUSSIONSPUNKTE

Legen Sie zusammen mit Ihrem Partner eine Liste von Themen, Geschichten oder Vereinbarungen an, die Sie gern für sich behalten möchten. Formulieren Sie diese Liste so konkret wie möglich: Führen Sie darin alles auf, was Sie nicht ohne die Erlaubnis des anderen weitererzählen sollten.

Vielleicht sollten Sie sich auch auf eine gemeinsame sichere Anlaufstelle einigen, wo Sie sich bei Bedarf Unterstützung holen können. Das kann zum Beispiel ein Therapeut oder Coach sein, der die Vertraulichkeit dieser Informationen respektiert.

PROBLEM NR. 18

Unterschiedliche soziale Bedürfnisse

Karla war schon immer sehr kontaktfreudig. Am Gymnasium war sie die Kapitänin in verschiedenen Sportmannschaften, und auch heute betreut sie neben ihrer Arbeit noch viele ehrenamtliche Projekte. Sie ist stolz auf ihr Talent, Menschen mit gemeinsamen Interessen, denen eine gesunde Work-Life-Balance wichtig ist, zusammenzubringen. Daher ist sie oft unterwegs, besucht Veranstaltungen oder trifft sich mit Freunden.

Neil dagegen war stets eher introvertiert. Er respektiert Karlas Bedürfnis nach Gesellschaft, würde sich aber viel lieber zusammen mit dem Hund und einem seiner Lieblingsbücher zu Hause einigeln. »Ich bin eben einfach ein ruhiger Typ«, sagt er.

Die beiden respektieren ihre unterschiedlichen Bedürfnisse. Aber das führt nun einmal dazu, dass jeder von ihnen auch andere Freizeitbeschäftigungen bevorzugt, und das bringt sie mit der Zeit auseinander. Neil kann nicht verstehen, warum Karla so gern ausgeht, und Karla wäre froh, wenn er sie öfter bei ihren sozialen Aktivitäten begleiten würde.

WAS IST LOS?

Die beiden sind ein gutes Beispiel für unterschiedliche Standardverhaltensmuster in einer Beziehung. Neil hat ein viel geringeres Grundbedürfnis nach sozialen Interaktionen als Karla. In dieser Hinsicht (introvertiert oder extrovertiert) gibt es kein Richtig oder Falsch; es handelt sich einfach nur um unterschiedliche Präferenzen.

Wenn zwei Menschen sich in ihren Standardverhaltensmustern sehr stark voneinander unterscheiden, verfallen sie leicht in den Fehler, den anderen zu verurteilen, nur weil er anders ist. Mit der Zeit wachsen sich diese Werturteile dann vielleicht zu schlechten Gefühlen aus, wenn wir nicht die nötigen Kommunikationsfähigkeiten besitzen, um liebevoll und tolerant mit dem Partner umzugehen.

Dass zwei Menschen ein unterschiedlich starkes Bedürfnis nach sozialen Kontakten haben, kommt häufig vor. Damit das nicht zu einem Problem wird, sollten Sie sich regelmäßig gemeinsam Ihren Kalender anschauen und besprechen, welche sozialen Aktivitäten im Lauf der kommenden Woche anstehen. So können Sie vor oder nach anstrengenden Zusammenkünften eine ruhige gemeinsame Zeit einplanen. Außerdem können Sie auf diese Weise vielleicht noch rechtzeitig im Freundeskreis jemanden finden, der Sie zu Ihrer Veranstaltung begleitet, wenn Ihr Partner oder Ihre Partnerin nicht mitkommen kann oder will.

Denken Sie daran, dass die Gesundheit Ihrer Beziehung nicht davon abhängt, ob Sie ähnliche Eigenschaften (extrovertiert oder introvertiert) besitzen, sondern davon, wie Sie sich gegenseitig bei der Erfüllung Ihrer sozialen Bedürfnisse unterstützen.

SPRECHEN SIE DAS PROBLEM AN!

1. Bevor Sie das Gespräch mit Ihrem Partner suchen, hören Sie erst einmal kurz in sich hinein. In welcher körperlichen, geistigen und seelischen Verfassung befinden Sie sich? Hat einer von Ihnen Hunger, ist müde oder erschöpft? Falls ja, kümmern Sie sich zuerst um diese Grundbedürfnisse und vereinbaren Sie bei Bedarf einen neuen Termin für Ihr Gespräch.

2. Suchen Sie sich ein ruhiges Plätzchen, an dem Sie ungestört sind. Vielleicht ist es sinnvoll, das Haus zu verlassen, einen Spaziergang im Park zu machen oder Ihr Gespräch notfalls sogar im Auto zu führen.

3. Versuchen Sie, sich mithilfe von Fähigkeit Nr. 13 (Einen einfühlsamen Kommunikationsstil entwickeln, Seite 83), Nr. 14 (Gedanken und Gefühle voneinander trennen, Seite 87) und Nr. 15 (Fragen stellen, Seite 90) in Ihren Partner hineinzuversetzen.
4. Denken Sie mithilfe von Fähigkeit Nr. 9 (Unlösbare Konflikte erkennen, Seite 68) darüber nach, ob das Problem mit Ihrem Partner lösbar ist.
5. Beschäftigen Sie sich noch einmal mit Fähigkeit Nr. 7 (Neugierig sein, statt Urteile zu fällen, Seite 59) und versuchen Sie, auf Werturteile zu verzichten, falls diese eine Distanz zwischen Ihnen beiden schaffen.

TIPP Achten Sie genau darauf, wie Ihr Partner reagiert, wenn Sie diese Kommunikationsstrategien einsetzen. Eine neue Fähigkeit zu erlernen, erfordert Übung, doch je mehr Sie beide versuchen, dabei aus Ihren Fehlern zu lernen, umso schneller wird Ihnen die betreffende Fähigkeit zur zweiten Natur werden.

DISKUSSIONSPUNKTE

Wenn es uns schwerfällt, den Partner zu verstehen, haben unsere Wahrnehmungen (und die Geschichten, die uns dabei im Kopf herumgehen) manchmal weniger mit ihm als mit uns selbst zu tun. Fällt Ihnen das nächste Mal auf, dass Sie das Verhalten Ihres Partners negativ interpretieren, fragen Sie sich, ob bestimmte Aspekte Ihrer Kritik vielleicht mehr über Sie selbst als über ihn aussagen.

PROBLEM NR. 19

Die Paarblase stärken

Immer wenn Niels und Annika ihre Eltern besuchen, streiten sie sich auf dem Heimweg. Annikas Mutter provoziert Niels oft so lange auf ihre passiv-aggressive Art, bis es zu einem Streit kommt. Irgendwie haben die beiden das Gefühl, dass Annikas Mutter sie gegeneinander auszuspielen versucht. Seitdem sie in der Nähe von Annikas Eltern wohnen und jeden Sonntagabend dort zum Essen eingeladen sind, hat sich das zu einem echten Problem entwickelt.

Beide fühlen sich verpflichtet, diese Einladungen anzunehmen, doch sie leiden sehr unter den Spannungen und der Entfremdung, die dadurch zwischen ihnen entsteht.

WAS IST LOS?

Stan Tatkin, ein sehr angesehener Paartherapeut und Begründer des psychobiologischen Ansatzes für die Paartherapie (Psychobiological Approach to Couples Therapy – PACT), bezeichnet das Gefühl, dass Sie und Ihr Partner zusammen ein festes Team bilden, als »Paarblase«. Dieses Gefühl wird auf die Probe gestellt, wenn Paare mit anderen Menschen zusammen sind, und wir können es mit kleinen Gesten stärken, mit denen wir unserem Liebsten versichern: »Wir sitzen beide im selben Boot.« Wenn Sie sich klarmachen, wie wichtig dieses Teamgefühl für eine Partnerschaft ist, können Sie gemeinsam daran arbeiten, es zu intensivieren.

Gibt es bestimmte Situationen oder Menschen, die Ihr Teamgefühl besonders oft auf die Probe stellen, sollten Sie das vorab mit Ihrem Partner besprechen und planen, wie Sie sich in solchen Fällen gegenseitig unterstützen können. Niels und Annika müssen sich zum Beispiel überlegen, was sie bei diesen sonntäglichen Familientreffen tun können, um ihre Paarblase zu stärken.

SPRECHEN SIE DAS PROBLEM AN!

1. Bevor Sie das Gespräch mit Ihrem Partner suchen, hören Sie erst einmal kurz in sich hinein. In welcher körperlichen, geistigen und seelischen Verfassung befinden Sie sich? Hat einer von Ihnen Hunger, ist müde oder erschöpft? Falls ja, kümmern Sie sich zuerst um diese Grundbedürfnisse und vereinbaren Sie bei Bedarf einen neuen Termin für Ihr Gespräch.

2. Suchen Sie sich ein ruhiges Plätzchen, an dem Sie ungestört sind. Vielleicht ist es sinnvoll, das Haus zu verlassen, einen Spaziergang im Park zu machen oder Ihr Gespräch notfalls sogar im Auto zu führen.

3. Um zu klären, wie Sie sich außerhalb Ihrer Paarblase sinnvoll unterstützen können, lesen Sie noch einmal den Abschnitt über Fähigkeit Nr. 6 (Einen sicheren Raum für Verletzlichkeit schaffen, Seite 54).

4. Praktizieren Sie Fähigkeit Nr. 8 (Dankbarkeit üben, um die emotionale Beziehung zu stärken, Seite 63), um wieder enger miteinander in Kontakt zu treten. Dadurch wird auch Ihre Paarblase stärker.

TIPP Wie gut Ihre Beziehung läuft, hängt nicht von der Häufigkeit Ihrer Konflikte ab, sondern davon, wie negativ sich diese Konflikte auf Sie und Ihre Partnerschaft auswirken. Wissenschaftliche Untersuchungen zeigen, dass Paare, die viele Konflikte haben, sich trotzdem oft eng verbunden fühlen und sehr verliebt ineinander sind. Der Erfolg dieser Paare ist darauf zurückzuführen, dass sie es verstehen, Konflikte zu lösen, ohne ihrer Beziehung zu schaden.

DISKUSSIONSPUNKTE

Es gibt viele Möglichkeiten, Ihre Paarblase zu stärken. Führen Sie mit Ihrem Partner ein Gespräch über Situationen in Ihrer Beziehung, in denen Sie das Gefühl hatten, dass er hundertprozentig hinter Ihnen stand. Was ist damals geschehen? Was hat Ihr Partner getan oder gesagt? Wie hat sich das in Ihrem Körper angefühlt und was hat es für Sie bedeutet?

11

GEMEINSAMES ZUHAUSE

WENN PAARE zusammenziehen und einen gemeinsamen Haushalt gründen, tauchen oft neue Probleme in der Beziehung auf. In diesem Kapitel wollen wir auf fünf der häufigsten Herausforderungen eingehen, mit denen Paare in einer Lebensgemeinschaft konfrontiert sind, und uns Gedanken darüber machen, wie diese Probleme zu lösen sind.

PROBLEM NR. 20

Standardverhaltensmuster im Umgang mit Hausarbeit

Allmählich tut es Lance leid, dass er mit Brittany zusammengezogen ist. Eigentlich hatte er gehofft, dass sie in ihrer neuen Wohnung eine gemütliche, entspannte Atmosphäre schaffen und die weniger angenehmen Aufgaben, die mit der Gründung eines Haushalts einhergehen, fair untereinander aufteilen würden. Doch leider ist er der Einzige, der ab und zu die Wohnung putzt. Brittany scheint gar nicht zu merken, wie schmutzig und unaufgeräumt ihr gemeinsames Zuhause manchmal ist. Lance fragt sich, ob ihre Beziehung eine Zukunft hat, wenn Brittany nicht auch ihren Teil zur Erledigung des Haushalts beiträgt.

Brittany wiederum versteht nicht, dass Lance sich über solche Kleinigkeiten aufregen kann. Für sie ist die Wohnung sauber genug und ihrer Ansicht nach erfüllt sie ihre Pflichten ausreichend. Ihrer Meinung nach nimmt Lance das alles viel zu ernst. Sie würde am Wochenende lieber etwas unternehmen, als ihre kostbare Freizeit mit dem Wohnungsputz zu vergeuden (wie er vor Kurzem vorgeschlagen hat).

WAS IST LOS?

Die meisten Paare ziehen zusammen, ohne vorher über ihre Erwartungen oder persönlichen Stärken in Bezug auf die Führung eines Haushalts zu sprechen. Sobald sie sich in ihrer neuen Wohnung eingerichtet haben, erleben sie dann oft ein paar unangenehme Überraschungen, weil der Partner ganz andere Präferenzen im Hinblick auf ihr gemeinsames Zuhause hat als sie selbst (zum Beispiel andere Vorstellungen von Sauberkeit und Ruhe).

Um solchen Problemen vorzubeugen, empfehle ich Paaren, rechtzeitig über ihre Standardverhaltensmuster im Hinblick auf Sauberkeit und gemeinsame Haushaltsführung nachzudenken. Denn da gibt es normalerweise viel zu lernen.

Bei Lance und Brittany stellte sich zum Beispiel heraus, dass sie eine sehr unterschiedliche Erziehung genossen hatten und daher auch in der eigenen Wohnung ganz anders mit dem gemeinsamen Haushalt umgingen. Lances' Eltern hatten eine Putzhilfe beschäftigt, die einmal pro Woche zu ihnen kam, während Brittany in ihrer Kindheit und Jugend oft obdachlos gewesen war oder bei Freunden ihrer Mutter gewohnt hatte. Sie hatte kaum Einfluss auf die Führung der Haushalte gehabt, in denen sie lebte, und dort normalerweise auch nicht putzen oder aufräumen müssen.

SPRECHEN SIE DAS PROBLEM AN!

1. Bevor Sie das Gespräch mit Ihrem Partner suchen, hören Sie erst einmal kurz in sich hinein. In welcher körperlichen, geistigen und seelischen Verfassung befinden Sie sich? Hat einer von Ihnen Hunger, ist müde oder erschöpft? Falls ja, kümmern Sie sich zuerst um diese Grundbedürfnisse und vereinbaren Sie bei Bedarf einen neuen Termin für Ihr Gespräch.

2. Suchen Sie sich ein ruhiges Plätzchen, an dem Sie ungestört sind. Vielleicht ist es sinnvoll, das Haus zu verlassen, einen Spaziergang im Park zu machen oder Ihr Gespräch notfalls sogar im Auto zu führen.

3. Rufen Sie sich Fähigkeit Nr. 10 (Dem Partner einen Vertrauensvorschuss einräumen, Seite 72) ins Gedächtnis zurück. Wenn Sie sich Ihrem Partner gegenüber großmütig zeigen, ändert sich oft die gesamte Grundhaltung eines solchen Gesprächs.

4. Lesen Sie sich den Abschnitt über Fähigkeit Nr. 26 (Erkennen, wann an Grenzen gearbeitet werden muss, Seite 131) noch einmal durch. Dann werden

Sie schnell feststellen, ob Sie in Ihrer Partnerschaft womöglich andere Grenzen setzen sollten als bisher.

TIPPS Denken Sie daran, dass all diese Fähigkeiten Übung erfordern. Selbst Kommunikationsstrategien, die auf den ersten Blick ganz einfach zu sein scheinen, muss man erst einmal in verschiedenen neutralen Situationen einüben, bevor sie einem so sehr zur zweiten Natur geworden sind, dass man sie auch in heiklen oder angespannten Situationen praktizieren kann.

Es ist nicht schlimm, wenn Sie eine andere Meinung darüber haben, worauf es in einem Haushalt ankommt. Wichtig ist, trotz aller Meinungsverschiedenheiten einen mitfühlenden Weg zu finden, Differenzen zu überwinden und zu einem Einverständnis zu kommen.

DISKUSSIONSPUNKTE

Wenn Sie mit Ihrem Partner über Ihre gemeinsamen Haushaltspflichten sprechen möchten, erstellen Sie zunächst einmal eine Liste dieser Aufgaben. Dann kann jeder von Ihnen anhand einer Skala von 1 bis 10 bewerten, wie wichtig er die betreffende Aufgabe findet. Handelt es sich dabei um eine Arbeit, die dringend erledigt werden muss, bewerten Sie sie mit 10, wenn eine Haushaltspflicht nicht so wichtig erscheint, geben Sie oder Ihr Partner ihr eine 1.

Achten Sie darauf, welche Aufgaben Ihnen jeweils wichtiger oder sinnvoller vorkommen als dem anderen, und versuchen Sie herauszufinden, warum das so ist. Denn wenn Sie diese Hintergründe verstehen, können dadurch mehr Wertschätzung, Verständnis und ein tieferes Zusammengehörigkeitsgefühl in Ihrer Beziehung entstehen.

PROBLEM NR. 21

Keine regelmäßige Abstimmung über wichtige Abläufe im Haushalt

Als die beiden zusammenzogen, beendete Natasha gerade ihr Masterstudium, und Teo hatte eine 60-Stunden-Woche und lange Arbeitswege. Da erschien es Natasha sinnvoll, mehr Pflichten im Haushalt zu übernehmen als ihr Partner, zumal sie gerade an ihrer Doktorarbeit schrieb und sich ihre Zeit daher ziemlich frei einteilen konnte.

Doch heute – zehn Jahre, zwei Kinder und eine wichtige berufliche Veränderung später – ist Natasha diejenige, die an vier Tagen pro Woche weite Wege zur Arbeit zurücklegen muss, während Teo als Unternehmensberater von zu Hause aus arbeitet. Sie ist bis spät in die Nacht auf den Beinen, um zu putzen, zu kochen, die Kinder ins Bett zu bringen und ihren nächsten Arbeitstag zu planen. Natasha bräuchte dringend mehr Unterstützung von Teo, ist sich aber nicht sicher, wie viel sie ihm in dieser Hinsicht zumuten kann. Und wenn sie ihn um Hilfe bittet, geht er darauf entweder nicht ein oder braucht ihre Unterweisung, um Dinge richtig zu erledigen, weil sie schon so lange alle Arbeiten allein übernommen hat.

WAS IST LOS?

Oft verharren wir in unserer Partnerschaft in den gleichen Rollen, die unsere Eltern uns vorgelebt haben. Natashas Mutter hat immer viele Pflichten übernommen, und zwar nicht nur für ihren Mann und ihre Kinder, sondern auch für den erweiterten Familienkreis. Unbewusst nimmt Natasha in ihrer heutigen Partnerschaft nun die gleiche Rolle ein.

Außerdem ist sie eine ausgesprochene Perfektionistin; darin unterscheidet sie sich von Teo. Er ist ein liebevoller Ehemann und guter, gewissenhafter Vater, doch im gemeinsamen Haushalt läuft alles genau so, wie Natasha es will. Wenn Teo sich einmischt, weist sie ihn meistens zurecht oder nimmt ihm die schon halb fertige Hausarbeit ab. Dadurch fühlt er sich herabgesetzt und versucht inzwischen schon gar nicht mehr, ihr seine Hilfe anzubieten.

Natasha ist hin- und hergerissen zwischen ihrem Bedürfnis nach einer partnerschaftlichen Arbeitsteilung und ihrer mangelnden Bereitschaft, die Kontrolle in Bezug auf den Haushalt aus der Hand zu geben.

Die meisten Paare verfallen in solche Standardverhaltensmuster wie Natasha und Teo, ohne sich darüber Gedanken zu machen oder es auch nur zu bemerken – Probleme entstehen erst dann, wenn sie aus der Routine ausbrechen wollen, die lange Zeit gut funktioniert hat. Gerade deshalb ist es wichtig, als Paar regelmäßig über die jeweiligen Bedürfnisse in Bezug auf die gemeinsame Haushaltsführung nachzudenken. Wenn Ihnen das gelingt, vermeiden Sie die Verbitterung, die entstehen kann, wenn einer von beiden sich ausgenutzt oder überfordert fühlt. Außerdem können Sie die Organisation Ihres gemeinsamen Haushalts dann an Ihre persönlichen Stärken anpassen, die auch nicht immer gleich bleiben, sondern sich mit der Zeit häufig verändern.

SPRECHEN SIE DAS PROBLEM AN!

1. Bevor Sie das Gespräch mit Ihrem Partner suchen, hören Sie erst einmal kurz in sich hinein. In welcher körperlichen, geistigen und seelischen Verfassung befinden Sie sich? Hat einer von Ihnen Hunger, ist müde oder erschöpft? Falls ja, kümmern Sie sich zuerst um diese Grundbedürfnisse und vereinbaren Sie bei Bedarf einen neuen Termin für Ihr Gespräch.

2. Suchen Sie sich ein ruhiges Plätzchen, an dem Sie ungestört sind. Vielleicht ist es sinnvoll, das Haus zu verlassen, einen Spaziergang im Park zu machen oder Ihr Gespräch notfalls sogar im Auto zu führen.

3. Da es sich bei gemeinsamen Haushaltspflichten oft um ein brisantes Thema handelt, sollten Sie sich zunächst auf Fähigkeit Nr. 3 (Emotionale Reaktionsmuster durchbrechen, Seite 34) besinnen, um besser zwischen Ihren Gedanken und Gefühlen unterscheiden zu können. Bei Paaren, die schon lange zusammen sind, geht die gemeinsame Haushaltsführung oft mit falschen Vorstellungen einher. Wenn Sie diese Fehlvorstellungen aus dem Weg räumen, steht einem konstruktiven Gespräch nichts mehr im Weg.

4. Rekapitulieren Sie meine Ausführungen zu Fähigkeit Nr. 26 (Erkennen, wann an Grenzen gearbeitet werden muss, Seite 131) und fragen Sie sich, ob Sie Ihrem Partner vielleicht eindeutigere Grenzen setzen müssen.

5. Als Nächstes sollten Sie versuchen, Ihre Bitten an den Partner klarer zu formulieren. Stützen Sie sich dabei auf Fähigkeit Nr. 28 (Um die Erfüllung eigener Bedürfnisse bitten, Seite 136).

TIPP Der Umgang mit der Verantwortung für den gemeinsamen Haushalt ist eine der häufigsten Ursachen für Streitereien in einer Partnerschaft. Wenn es Ihnen schwerfällt, über solche Themen zu sprechen, stehen Sie damit nicht allein da. Es nicht zu tun, führt aber meist nur zu schlechten Gefühlen und womöglich sogar zu Verachtung gegenüber dem Partner. Sorgen Sie dafür, dass das in Ihrer Beziehung nicht passiert.

DISKUSSIONSPUNKTE

Eine Sache, die ich Paaren besonders ans Herz lege, sind regelmäßige Unterredungen, bei denen sie sich bezüglich ihrer Aufgaben und Verpflichtungen abstimmen: Sie sollten sich einmal pro Woche zusammensetzen, um über Termine, Finanzen, Ausgaben, Aufgaben und Verantwortlichkeiten zu sprechen.

Das hat den Vorteil, dass Sie in der restlichen gemeinsamen Zeit ganz füreinander da sein können – ohne das unangenehme Gefühl, dass der Partner womöglich wegen nicht erledigter Hausarbeiten gleich an Ihnen herumnörgeln könnte. Außerdem können Sie bei diesen regelmäßigen Gesprächen überprüfen, ob bestimmte Rollen oder Aufgaben im gemeinsamen Haushalt immer noch für Sie geeignet sind oder aktualisiert werden sollten.

Besprechen Sie mit Ihrem Partner, wie Sie es schaffen könnten, solche regelmäßigen Besprechungen einzuplanen. Ich habe bei meiner Arbeit als Paarberaterin die Erfahrung gemacht, dass bei Paaren, die regelmäßig solche organisatorischen Gespräche führen, kleinere Konflikte im Alltag um fast 50 Prozent abnehmen.

PROBLEM NR. 22

Kein Gefühl für Verantwortung oder Pflichten

Andrea hasst es, wenn Lea ihren gebrauchten Teebeutel auf der Küchentheke oder Abfall im gemeinsamen Auto liegen lässt. Und manchmal scheint Lea tatsächlich überhaupt keine Rücksicht auf Andrea zu nehmen. Zum Beispiel holt sie nur für sich selbst etwas zum Mittagessen, obwohl sie weiß, dass Andrea an diesem Tag zu Hause arbeitet. Oder sie macht sich ein Thunfischsandwich und räumt das Geschirr danach nicht gleich weg, auch wenn sie weiß, dass Andrea Fischgeruch hasst.

Tatsächlich ist es allerdings so, dass Lea sich der immer länger werdenden Liste mit Ärgernissen und unguten Gefühlen, die Andrea mit sich herumschleppt, überhaupt nicht bewusst ist. Ihr ist nur aufgefallen, dass Andrea sich ihr gegenüber in letzter Zeit ein bisschen kühl verhält. Und sie fragt sich, was sie tun muss, um das Eis zu brechen.

WAS IST LOS?

Andrea und Lea müssen dringend daran arbeiten, Verantwortung zu übernehmen. Es gibt so vieles am Verhalten ihrer Freundin, worüber Andrea sich ärgert, trotzdem geht sie heiklen Gesprächen schon seit Monaten aus dem Weg. Doch dadurch hat sich das Problem nicht gelöst – ganz im Gegenteil: Mit der Zeit sind immer mehr Ärgernisse dazugekommen. Andrea muss sich angewöhnen, solche Probleme frühzeitig zu erkennen und ihre Partnerin darauf anzusprechen, solange die Ärgernisse noch begrenzt sind, damit sie sich nicht zu größeren Konflikten ausweiten. Lea wiederum muss anfangen, mehr auf ihre Partnerin zu achten und sie öfter zu fragen, wie es ihr in ihrer gemeinsamen Beziehung geht. Nur so können die beiden wieder besser miteinander zurechtkommen. Auch wenn Lea die Situation anders sieht als ihre Freundin, ist es wichtig, dass sie sich in Andrea hineinversetzt: Sie muss deutlich machen, dass sie ihre Meinung akzeptiert, um wieder ein Gefühl der Einigkeit zwischen ihnen beiden herzustellen.

SPRECHEN SIE DAS PROBLEM AN!

1. Bevor Sie das Gespräch mit Ihrem Partner suchen, hören Sie erst einmal kurz in sich hinein. In welcher körperlichen, geistigen und seelischen Verfassung befinden Sie sich? Hat einer von Ihnen Hunger, ist müde oder erschöpft? Falls ja, kümmern Sie sich zuerst um diese Grundbedürfnisse und vereinbaren Sie bei Bedarf einen neuen Termin für Ihr Gespräch.

2. Suchen Sie sich ein ruhiges Plätzchen, an dem Sie ungestört sind. Vielleicht ist es sinnvoll, das Haus zu verlassen, einen Spaziergang im Park zu machen oder Ihr Gespräch notfalls sogar im Auto zu führen.

3. Derjenige von Ihnen, der in diesem Konflikt Andreas Rolle übernimmt, sollte noch einmal den Abschnitt über Fähigkeit Nr. 10 (Dem Partner einen Vertrauensvorschuss einräumen, Seite 72) rekapitulieren. Das kann ihn davon abhalten, das Verhalten seines Partners zu negativ zu interpretieren. Außerdem sollte er über Fähigkeit Nr. 16 (Verantwortung übernehmen, statt dem Partner die Schuld zuzuschieben, Seite 93) nachdenken und sich eingestehen, dass auch er einen Beitrag zu dem Konflikt leistet, indem er das Problem totschweigt.

4. Dem anderen Partner (der die Rolle der Lea innehat) empfehle ich, den Abschnitt über Fähigkeit Nr. 13 (Einen einfühlsamen Kommunikationsstil entwickeln, Seite 83) zu lesen, damit er sich besser in seinen Partner hineinversetzen kann.

5. Beide Partner sollten außerdem Fähigkeit Nr. 26 (Erkennen, wann an Grenzen gearbeitet werden muss, Seite 131) und Nr. 28 (Um die Erfüllung eigener Bedürfnisse bitten, Seite 136) praktizieren. Denn für beide ist es wichtig, klarere Grenzen zu setzen und zu lernen, wie man sie dem Partner am besten vermittelt, damit dieses destruktive Muster nicht immer wieder auftritt.

TIPPS Meine Klienten fragen mich oft, ob ihre Bedenken berechtigt sind, weil sie nach einer Bestätigung suchen. Doch egal ob Ihre Verärgerung nachvollziehbar ist oder nicht – die Situation wirkt sich auf jeden Fall negativ auf Ihre Partnerschaft aus. Wenn es etwas gibt, was Sie an Ihrem Partner stört, sollten Sie dieses Problem offen ansprechen, damit Sie es beide gemeinsam verstehen und lösen können.

Manchmal erlebe ich in meinen Therapiesitzungen, dass ein Partner dem anderen einreden möchte, seine Vorwürfe seien aus der Luft gegriffen. Doch die Sichtweise Ihres Partners einfach als unzutreffend abzutun, wird Sie nicht weiterbringen. Üben Sie sich lieber darin, seine Sichtweise ernst zu nehmen. Versuchen Sie, die Situation aus seiner Perspektive zu sehen, auch wenn Sie nicht seiner Meinung sind oder an seiner Stelle ganz anders damit umgehen würden.

DISKUSSIONSPUNKTE

Denken Sie über folgende Anregungen nach und sprechen Sie dann mit Ihrem Partner darüber:

- Ich erinnere mich noch an eine Situation, in der ich ein sehr negatives Feedback erhielt und am Ende alles gut gelaufen ist: ...
- Mein(e) Gesprächspartner hat/haben in dieser Situation folgenden Beitrag dazu geleistet, dass alles gut lief: ...
- Ich habe in dieser Situation Folgendes dafür getan, dass alles gut lief: ...
- Unser Umfeld hat folgenden Beitrag dazu geleistet, dass wir ein konstruktives Gespräch miteinander führen konnten: ...
- Folgendes habe ich aus diesem Gespräch gelernt oder anschließend verändert: ...
- Aus dieser Erfahrung habe ich Folgendes über das Empfangen von Feedback gelernt: ...
- Diese Erkenntnisse lassen sich folgendermaßen auf unsere Konflikte anwenden: ...

PROBLEM NR. 23

Umgang mit enttäuschten Erwartungen

Nadia weiß, dass sie Marshall in dieser Woche schon mindestens zweimal gebeten hat, den Klempner anzurufen. Sie ist es leid, immer diejenige zu sein, die darauf achtet, dass alle für ihren Haushalt und ihr Familienleben wichtigen Anrufe getätigt und alle notwendigen Aufgaben erledigt werden. Andererseits beteuert Marshall ihr immer wieder, dass er ein verlässlicher Partner sein möchte, und Nadia weiß, dass er ihre ewige Nörgelei satthat. Und natürlich möchte sie in ihrer Beziehung auf gar keinen Fall diejenige sein, die ständig etwas am Partner auszusetzen hat, aber sie befürchtet, dass sie immer mehr in diese Rolle hineinwächst. Nadia und Marshall sind in meine Praxis gekommen, weil ihnen beiden aufgefallen ist, dass dieses Verhaltensmuster mit den ständigen Nörgeleien sie beide deprimiert.

WAS IST LOS?

Normalerweise fühlen sich in so einer Situation beide Partner unwohl. Niemand möchte ein Nörgler sein, und niemand hat gern das Gefühl, seinen erwachsenen Partner auf Schritt und Tritt kontrollieren zu müssen. Wenn ein Paar mir von ständigen Nörgeleien erzählt, ist das für mich ein eindeutiges Zeichen dafür, dass diese beiden Menschen ein Problem mit Zuverlässigkeit und der Übernahme von Verantwortung haben. Es ist dann wichtig, sich über den Mangel an Konsequenz in dieser Beziehung zu unterhalten und dieses Problem zu lösen, bevor die Vertrauensbasis zwischen den beiden Partnern darunter leidet.

Es ist völlig verständlich, dass Sie frustriert sind, wenn Ihr Partner seinen Verpflichtungen nicht nachkommt. In den meisten Beziehungen wird die Vertrauensbasis dadurch langsam, aber sicher zerstört und es entstehen ungute Gefühle – ein echtes Krebsgeschwür für jede Partnerschaft. Um der Entstehung solcher negativen Gefühle vorzubeugen, muss dieser Konflikt gelöst werden und beide Partner müssen sich wieder aufeinander verlassen können. Üben Sie sich im Bewusstsein, dass Ihre negativen Gefühle völlig berechtigt sind, in Selbstmitgefühl, während Sie das Problem mangelnder Übernahme von Verantwortung gemeinsam mit Ihrem Partner angehen. Denn wenn Sie in dieser Situation Mitgefühl mit sich selbst haben, werden Sie automatisch auch sanfter und nachsichtiger mit Ihrem Partner umgehen können.

SPRECHEN SIE DAS PROBLEM AN!

1. Bevor Sie das Gespräch mit Ihrem Partner suchen, hören Sie erst einmal kurz in sich hinein. In welcher körperlichen, geistigen und seelischen Verfassung befinden Sie sich? Hat einer von Ihnen Hunger, ist müde oder erschöpft? Falls ja, kümmern Sie sich zuerst um diese Grundbedürfnisse und vereinbaren Sie bei Bedarf einen neuen Termin für Ihr Gespräch.

2. Suchen Sie sich ein ruhiges Plätzchen, an dem Sie ungestört sind. Vielleicht ist es sinnvoll, das Haus zu verlassen, einen Spaziergang im Park zu machen oder Ihr Gespräch notfalls sogar im Auto zu führen.

3. In dieser Situation sollten Sie zunächst einmal den Abschnitt über Fähigkeit Nr. 20 (Vertrauen aufbauen, indem man sich an seine Zusagen hält, Seite 109) lesen, um besser abklären zu können, welche Versprechen und Vereinbarungen zwischen Ihnen beiden bestehen.

4. Als Nächstes spielt Fähigkeit Nr. 19 (Sich auf überzeugende Weise entschuldigen, Seite 104) beim Umgang mit diesem Problem eine sehr wichtige Rolle, denn sie hilft Ihnen, frühere Konflikte beizulegen, in denen es um Konsequenz, Beständigkeit oder Zuverlässigkeit ging.

TIPP Seien Sie nachsichtig mit sich und Ihrem Partner. Schließlich sind wir alle nur Menschen, und in einer Langzeitbeziehung macht zwangsläufig jeder hin und wieder etwas falsch. Nur wenn wir diese Meinungsverschiedenheiten totschweigen und uns nicht bemühen, unser Verhalten in Zukunft zu ändern, kann sich das zu einem ernsthaften Beziehungsproblem auswachsen.

DISKUSSIONSPUNKTE

Denken Sie über folgende Fragen nach und sprechen Sie anschließend mit Ihrem Partner über Ihre Gedanken, sobald Sie bereit dazu sind.

- ➜ Mithilfe welcher Strategien könnte ich die Konsequenz und Zuverlässigkeit in unserer Beziehung verbessern?
- ➜ Was würde mir helfen, in dieser Partnerschaft nicht zu viel zu versprechen oder mir nicht zu viele Verpflichtungen aufzuladen?
- ➜ Welche Voraussetzungen müssen erfüllt sein, damit ich keine Angst davor habe, Fehler zu machen? Was könnte mein Partner tun, um mir das Gefühl zu geben, dass er auch dann an meiner Seite steht, wenn ich etwas falsch mache?

PROBLEM NR. 24

Entstehung von schlechten Gefühlen

»Jedes Mal, wenn wir uns streiten, geht er weg«, sagt Kristin über ihren Freund Nick. »Ich weiß nicht, warum; er macht dann einfach dicht und zieht sich in sein Schneckenhaus zurück. In solchen Situationen weiß ich daher nie, wie ich unser Problem ansprechen soll, und nichts wird gelöst. Inzwischen gibt es in unserer Beziehung schon einen ganzen Berg von Problemen, die wir noch nie angepackt haben.«

Paare wie Kristin und Nick begegnen mir in meiner Praxis jede Woche. In jeder Beziehung gibt es ein paar schwierige Themen, doch Nick würgt Gespräche immer so schnell ab, dass die beiden mir gar nicht sagen konnten, welche Probleme in ihrer Beziehung am vordringlichsten sind. »Immer wenn ich irgendetwas anspreche, das ich gern in Ordnung bringen, verbessern oder vielleicht auch einfach nur besprechen möchte, verstummt Nick, zieht sich innerlich zurück und sagt: ›Lass uns ein andermal darüber reden‹«, klagt Kristin. »Und dann geht er an seine Arbeit oder verschwindet im Schlafzimmer.«

WAS IST LOS?

In jeder Beziehung gibt es einen Partner, der bei einem Streit besonders schnell verstummt oder dichtmacht. In der oben beschriebenen Partnerschaft ist Nick derjenige, der sofort abblockt. Es ist völlig normal, dass ein Partner sich schneller überfordert fühlt als der andere, wenn die Emotionen hochkochen. Wenn Kristin unglücklich ist, sieht sich Nick dafür verantwortlich, deshalb empfindet er jede Klage von ihr als direkten Angriff.

Normalerweise ziehen solche Menschen sich in ihr Schneckenhaus zurück, um sich nicht schämen und kein schlechtes Gewissen haben zu müssen. Doch je mehr der eine Partner sich zurückzieht, umso stärker rückt der andere ihm »auf die Pelle«. Bei Kristin geht das oft so weit, dass sie am Ende weint oder ihn anschreit (oder beides). Diese heftigen Gefühle machen alles nur noch schlimmer, denn wenn der eine Partner laut wird, zieht der andere sich nur noch mehr zurück. Viele Paare kennen diesen Teufelskreis allzu gut.

In gewisser Weise ist diese Dynamik in fast jeder Beziehung zu beobachten. Haben Sie erkannt, in welche Rollen Sie in diesem Szenario normalerweise verfallen, können Sie und Ihr Partner besser bestimmen, wann Sie etwas an diesem Muster verändern oder eine Gesprächspause einlegen sollten.

SPRECHEN SIE DAS PROBLEM AN!

1. Bevor Sie das Gespräch mit Ihrem Partner suchen, hören Sie erst einmal kurz in sich hinein. In welcher körperlichen, geistigen und seelischen Verfassung befinden Sie sich? Hat einer von Ihnen Hunger, ist müde oder erschöpft? Falls ja, kümmern Sie sich zuerst um diese Grundbedürfnisse und vereinbaren Sie bei Bedarf einen neuen Termin für Ihr Gespräch.

2. Suchen Sie sich ein ruhiges Plätzchen, an dem Sie ungestört sind. Vielleicht ist es sinnvoll, das Haus zu verlassen, einen Spaziergang im Park zu machen oder Ihr Gespräch notfalls sogar im Auto zu führen.

3. Werden Sie sich mithilfe von Fähigkeit Nr. 17 (Den Konfliktteufelskreis durchschauen, Seite 97) über das Konfliktmuster in Ihrer Partnerschaft bewusst. Zeichnen Sie es ruhig in Form eines Flussdiagramms auf. Was können Sie daraus lernen?

4. Menschen, die dazu neigen, in angespannten Situationen »zu blocken«, können mithilfe von Fähigkeit Nr. 18 (Missverständnisse ausräumen, Seite 102) lernen, wieder auf schwierige Themen zurückzukommen, nachdem sie eine Gesprächspause eingelegt haben, um sich zu beruhigen.
5. Der andere Partner kann an Fähigkeit Nr. 12 (Emotionale Kompetenz entwickeln, Seite 81) und Nr. 14 (Gedanken und Gefühle voneinander trennen, Seite 87) arbeiten, um seine emotionalen Reaktionsmuster rechtzeitig zu durchbrechen und ruhiger zu werden, bevor der Partner Angst bekommt und sich zurückzieht.

TIPP Es ist nichts Falsches daran, ein schwieriges Gespräch zu unterbrechen, um sich erst einmal zu beruhigen und seine emotionale Reaktion in den Griff zu bekommen. Aber vergessen Sie nicht, das Gespräch anschließend auch wieder aufzunehmen (Fähigkeit Nr. 18, Seite 102), damit Sie gemeinsam eine Lösung finden können und keine schlechten Gefühle entstehen.

DISKUSSIONSPUNKTE

Denken Sie über folgende Fragen nach und besprechen Sie sie anschließend mit Ihrem Partner:

- ➔ Was habe ich aus der Beziehung meiner Eltern direkt oder indirekt über schlechte Gefühle gelernt?
- ➔ Wie und wann sind mir schlechte Gefühle in der Ehe meiner Eltern aufgefallen? Wie sind sie meiner Erinnerung nach damit umgegangen?
- ➔ Inwiefern hat mein Verhalten Ähnlichkeit mit dem meiner Eltern?

12

FREUNDSCHAFTEN UND ANDERE MENSCHEN

GESUNDE BEZIEHUNGEN müssen in eine Gemeinschaft aus Familie und Freunden eingebettet sein, um wachsen zu können. Aber der Umgang mit Beziehungen zu Freunden, Kollegen und Ex-Partnern fällt vielen Paaren schwer. In diesem Kapitel geht es darum, wie Sie Freundschaften mit anderen Menschen so gestalten können, dass sie Sie zusammenbringen, statt Sie voneinander zu trennen.

PROBLEM NR. 25

Fehlende Eigenständigkeit

Jedes Mal, wenn ich in meiner Praxis ein neues Paar kennenlerne, frage ich die beiden, welches Sozialleben sie unabhängig voneinander führen. Und wie viele andere Paare haben Dan und Andy mir darauf geantwortet: »Wir gehen nie allein aus. Wir haben nur gemeinsame Freunde.«

Obwohl die beiden durch ihr ehrenamtliches Engagement und ihr kleines Unternehmen über ein riesiges soziales Netzwerk verfügen, sind sie fast rund um die Uhr zusammen. Seit ihrer Heirat vor zwei Jahren überschneiden sich ihre beiden Leben bei der Arbeit, zu Hause und auch in sozialer Hinsicht sehr stark.

Nun sind die beiden in meine Praxis gekommen, weil sie sich trotz der vielen Zeit, die sie miteinander verbringen, ein bisschen entfremdet haben und den Funken der Leidenschaft in ihrer Beziehung gern wieder neu entfachen würden. Sie sind stolz darauf, sagen zu können, dass sie auch beste Freunde sind, die alles zusammen machen. Doch sie haben noch nie darüber nachgedacht, dass die viele Zeit, die sie miteinander verbringen, auch ein Teil ihres Problems sein könnte.

WAS IST LOS?

Natürlich ist es großartig, wenn zwei Menschen so gern zusammen sind. Doch für eine wirklich gesunde Beziehung ist es wichtig, dass beide Partner auch ein bisschen Spielraum für Unabhängigkeit und Eigenständigkeit haben. Ich fordere daher alle Paare, die ich berate, auf, einmal auszurechnen, wie viel Zeit die Partner miteinander, mit anderen Menschen und allein verbringen. Wenn diese drei Anteile unausgewogen sind (und das sind sie meistens), müssen sie etwas daran ändern.

Oft langweilen sich Paare, die niemals getrennt voneinander Abenteuern nachgegangen sind und Freundschaften gepflegt haben, nicht nur miteinander, sondern auch mit sich selbst. Solche Menschen brauchen dringend ein bisschen mehr Eigenständigkeit, um Spannung und Neugier (wichtige Voraussetzungen für sexuelles Verlangen) in ihrer Beziehung aufrechtzuerhalten. Die Pflege eigener Interessen steigert das Verlangen in einer Partnerschaft, weil dadurch beide Partner ein eigenständigeres Leben führen und mehr Spielraum für Geheimnisse entsteht – selbst wenn Ihr Partner allein nichts anderes tut, als Golf zu spielen.

SPRECHEN SIE DAS PROBLEM AN!

1. Bevor Sie das Gespräch mit Ihrem Partner suchen, hören Sie erst einmal kurz in sich hinein. In welcher körperlichen, geistigen und seelischen Verfassung befinden Sie sich? Hat einer von Ihnen Hunger, ist müde oder erschöpft? Falls ja, kümmern Sie sich zuerst um diese Grundbedürfnisse und vereinbaren Sie bei Bedarf einen neuen Termin für Ihr Gespräch.

2. Suchen Sie sich ein ruhiges Plätzchen, an dem Sie ungestört sind. Vielleicht ist es sinnvoll, das Haus zu verlassen, einen Spaziergang im Park zu machen oder Ihr Gespräch notfalls sogar im Auto zu führen.

3. Lesen Sie sich noch einmal meine Ausführungen zu Fähigkeit Nr. 22 (Mehr körperliche Intimität aufbauen, Seite 117), Nr. 23 (Emotionale, spirituelle und geistige Intimität, Seite 121), Nr. 24 (Funktionelle oder familiäre Intimität fördern, Seite 124) und Nr. 25 (Bedürfnisse nach Intimität in einer Beziehung erkennen, Seite 127) durch. Diskutieren Sie darüber, wie Sie auch außerhalb Ihrer Beziehung Inspiration finden und mehr Spielraum für Lernprozesse und familiäre Intimität schaffen können, um Ihr individuelles und gemeinsames inneres Wachstum zu fördern.

4. Denken Sie über Fähigkeit Nr. 7 (Neugierig sein, statt Urteile zu fällen, Seite 59) und Nr. 8 (Dankbarkeit üben, um die emotionale Beziehung zu stärken, Seite 63) nach. Mithilfe dieser Fähigkeiten können Sie sich über Ihr Bedürfnis nach anderen Freundschaften klar werden und herausfinden, auf welche Abenteuer oder Lernprozesse Sie sich unabhängig von Ihrem Partner gern einlassen würden.

TIPP Bemühen Sie sich, mit Freunden und Familienangehörigen in Verbindung zu bleiben. Die Pflege dieser zusätzlichen Beziehungen kostet Zeit und Energie, aber es ist gut für Paare, in eine Gemeinschaft von Freunden und Angehörigen eingebettet zu sein, die sie unterstützen. Nehmen Sie sich vor, jede Woche mit einem guten Freund in Kontakt zu treten.

DISKUSSIONSPUNKTE

Denken Sie über folgende Fragen nach und besprechen Sie Ihre Antworten anschließend mit dem Partner:

- ➜ Habe ich in meiner jetzigen Beziehung einen Teil meiner Individualität aufgegeben? Wenn ja, inwiefern?
- ➜ Wie könnte ich im kommenden Monat etwas von meiner Eigenständigkeit zurückgewinnen?
- ➜ Wie könnte ich in den nächsten Wochen Zeit oder Energie in meine persönliche Identität investieren?

PROBLEM NR. 26

Isolation

Kurz nachdem Jill und Leo ihr zweites Kind bekommen hatten, beschloss Jill, nicht mehr zu arbeiten. Sie hatte sich eigentlich immer für eine Karrierefrau gehalten, daher wunderte es sie, dass sie den Gedanken an ein Leben als Hausfrau und Mutter so verlockend fand. Doch zum Glück hatte Leo die Möglichkeit, zu Hause zu arbeiten. So waren die beiden sehr flexibel und konnten viel Zeit miteinander und mit ihren Kindern verbringen.

Im Lauf der Jahre begannen sie allerdings, sich ein bisschen isoliert zu fühlen, weil sie sich fast nur noch zu Hause aufhielten. Weder Jill noch Leo haben Kollegen, mit denen sie sich regelmäßig treffen. Im Winter verlässt manchmal wochenlang keiner von beiden länger das Haus.

Diese Isolation hat dazu geführt, dass Jill und Leo sich zwar sehr eng miteinander verbunden fühlen, es ihnen aber an Unabhängigkeit und Unterstützung von außen fehlt, und das wirkt sich negativ auf ihr eigenes Wohlbefinden und das ihrer Familie aus.

WAS IST LOS?

Es ist immer schön zu hören, dass zwei Partner sich mögen und eine so enge freundschaftliche Verbindung zueinander haben. Allerdings machen solche Paare oft den Fehler, andere Beziehungen zu vernachlässigen. Dadurch isolieren sie sich mit der Zeit von ihren Mitmenschen, und früher oder später entstehen auf diese Weise Spannungen in der Beziehung – ohne Möglichkeit, diese abzubauen.

Diese Paare sind mit der Zeit oft ganz auf sich allein gestellt, und wenn dann Schwierigkeiten auftauchen, gibt es niemanden mehr, der ihnen hilft.

Besonders leicht geraten Paare mit kleinen Kindern in diese Isolationsfalle. Also wagen Sie sich aus Ihrem Schneckenhaus heraus und suchen Sie in Kinderbetreuungseinrichtungen, Elterngruppen, bei Spielverabredungen und regionalen Veranstaltungen für Familien Kontakt zu anderen Eltern, um diese Isolation zu überwinden.

SPRECHEN SIE DAS PROBLEM AN!

1. Bevor Sie das Gespräch mit Ihrem Partner suchen, hören Sie erst einmal kurz in sich hinein. In welcher körperlichen, geistigen und seelischen Verfassung befinden Sie sich? Hat einer von Ihnen Hunger, ist müde oder erschöpft? Falls ja, kümmern Sie sich zuerst um diese Grundbedürfnisse und vereinbaren Sie bei Bedarf einen neuen Termin für Ihr Gespräch.

2. Suchen Sie sich ein ruhiges Plätzchen, an dem Sie ungestört sind. Vielleicht ist es sinnvoll, das Haus zu verlassen, einen Spaziergang im Park zu machen oder Ihr Gespräch notfalls sogar im Auto zu führen.

3. Rekapitulieren Sie die Abschnitte über Fähigkeit Nr. 22 (Mehr körperliche Intimität aufbauen, Seite 117) und Nr. 23 (Emotionale, spirituelle und geistige Intimität, Seite 121) noch einmal, um sich über den derzeitigen Grad an Intimität in Ihrer Beziehung klar zu werden. Gibt es bestimmte Arten von Intimität, die Sie in Ihrer Beziehung gern verstärken würden?

4. Besinnen Sie sich auf Fähigkeit Nr. 24 (Funktionelle oder familiäre Intimität fördern, Seite 124) und Nr. 25 (Bedürfnisse nach Intimität in einer Beziehung erkennen, Seite 127) und sprechen Sie dann darüber, welche Intimitätsbedürfnisse Sie und Ihr Partner sich außerhalb Ihrer Beziehung erfüllen könnten. Wie können Sie mehr Lernprozesse, mehr Inspiration oder familiäre Intimität in Ihr Leben bringen, um etwas für Ihr individuelles und gemeinsames inneres Wachstum zu tun?

TIPP Bemühen Sie sich darum, Ihre Beziehungen zu Familie und Freunden zu pflegen. Die Pflege solcher zusätzlichen Kontakte kostet zwar Zeit und Energie, doch es ist gesund und hilfreich für Paare, eine Gemeinschaft hinter sich zu haben, die sie unterstützt. Also nehmen Sie sich fest vor, jede Woche mit einem guten Freund Kontakt aufzunehmen.

DISKUSSIONSPUNKTE

Fällt Ihnen kein Freund ein, den Sie kontaktieren könnten? Dann ist es höchste Zeit, neue Leute kennenzulernen. Gehen Sie zu irgendeiner öffentlichen Veranstaltung, treten Sie einem Verein oder einer Sportmannschaft bei, engagieren Sie sich ehrenamtlich oder widmen Sie sich einem Hobby, um Menschen zu finden, die ähnliche Interessen haben wie Sie. Machen Sie die Suche nach neuen Freunden zu einem Teil Ihres täglichen Lebens und bemühen Sie sich, bei jeder Gelegenheit neue Kontakte zu knüpfen und diese auch zu pflegen.

Bitten Sie Ihren Partner, Sie darin zu unterstützen, zum Beispiel indem er Sie zum Ausgehen ermutigt oder Aufgaben im Haushalt übernimmt, damit Sie mehr Freizeit haben. Vielleicht kann er Ihnen auch bei der Suche nach interessanten Veranstaltungen helfen, die Sie besuchen könnten.

PROBLEM NR. 27

Eifersucht

Vor Kurzem hat Julia mitbekommen, dass eine Nachricht von Keith' Ex auf dem Display seines Smartphones aufgetaucht ist. Die beiden haben schon früher über seine Beziehung zu seiner Ex-Freundin gesprochen. Und obwohl Julia Keith glaubt, dass zwischen den beiden nichts mehr läuft, hat der Anblick ihres Namens auf seinem Telefon sie trotzdem in ein Wechselbad aus Unsicherheit und Eifersucht gestürzt. Auch wenn sie mit Keith in einer festen Beziehung lebt und beide monogam sind, kann sie seitdem nicht mehr schlafen und ist ziemlich gereizt.

»Eigentlich ist das verrückt«, erklärte Julia mir, »denn rein vom Verstand her weiß ich ja, dass die beiden nichts miteinander haben. Aber irgendwie bin ich trotzdem eifersüchtig und mache mir Sorgen.« Die beiden haben mich um Rat gefragt, wie es ihnen gelingen könnte, Julia zu beruhigen, ohne Keith' Privatsphäre zu verletzen oder ihm Einschränkungen bei der Wahl seiner Freunde aufzuerlegen.

WAS IST LOS?

Vielen Paaren fällt es schwer, miteinander über ihre früheren Beziehungen zu sprechen. Das ist oft ein heikles Thema, denn dabei können leicht Eifersucht und Missverständnisse entstehen.

Vielleicht hat ein Partner immer noch Gefühle für den oder die Ex; oder er möchte nicht die gleichen Fehler machen, die er in den Beziehungen von Eltern oder Freunden beobachtet hat. Wie dem auch sei – Eifersucht und Unsicherheit führen bei vielen Paaren zu Streit.

Die meisten Menschen reden nie über ihre früheren Beziehungen, weil das eben schwierig ist. Vielleicht sind Sie für Ihren Partner in vielerlei Hinsicht wie ein offenes Buch, doch wenn es um frühere Beziehungsleben geht, blocken Sie ab. Diese Auffälligkeit in Ihrem Verhalten verunsichert den Partner aber mehr als alles, was Sie ihm über Ihre Vergangenheit erzählen könnten.

Wenn Sie mit solchen Schwierigkeiten zu kämpfen haben, müssen Sie einen Weg finden, so miteinander über Ihre Ex-Partner zu sprechen, dass das Gefühl von Sicherheit und Verbundenheit in Ihrer jetzigen Beziehung dadurch nicht in Gefahr gerät.

SPRECHEN SIE DAS PROBLEM AN!

1. Bevor Sie das Gespräch mit Ihrem Partner suchen, hören Sie erst einmal kurz in sich hinein. In welcher körperlichen, geistigen und seelischen Verfassung befinden Sie sich? Hat einer von Ihnen Hunger, ist müde oder erschöpft? Falls ja, kümmern Sie sich zuerst um diese Grundbedürfnisse und vereinbaren Sie bei Bedarf einen neuen Termin für Ihr Gespräch.

2. Suchen Sie sich ein ruhiges Plätzchen, an dem Sie ungestört sind. Vielleicht ist es sinnvoll, das Haus zu verlassen, einen Spaziergang im Park zu machen oder Ihr Gespräch notfalls sogar im Auto zu führen.

3. Versuchen Sie die emotionalen Reaktionen, die diese Situation in Ihnen auslöst, zunächst mithilfe von Fähigkeit Nr. 2 (Emotionale Reaktionsmuster erkennen, Seite 30) und Fähigkeit Nr. 3 (Emotionale Reaktionsmuster durchbrechen, Seite 34) zu bewältigen.

4. Die meisten Menschen verfallen in kognitive Verzerrungen, wenn sie sich in ihrer Partnerschaft unsicher fühlen oder eifersüchtig sind. Bevor Sie mit Ihrem Partner über solche Gedanken sprechen, lesen Sie bitte noch einmal

die Abschnitte zu Fähigkeit Nr. 4 (Schluss mit kognitiven Verzerrungen!, Seite 40) und Nr. 5 (Schwierige Gefühle mit gesundem Urteilsvermögen bewältigen, Seite 47), um sich darüber klar zu werden, an welchen Denkmustern Sie mit seiner Hilfe arbeiten möchten.

5. Als Nächstes konzentrieren Sie sich auf Fähigkeit Nr. 28 (Um die Erfüllung eigener Bedürfnisse bitten, Seite 136), um herauszufinden, über welche Grenzen Sie sich in Ihrer Beziehung Klarheit schaffen wollen oder müssen.

6. Sobald Sie innerlich bereit sind, mit Ihrem Partner ein konstruktives, zielgerichtetes Gespräch über seine Beziehungsgeschichte zu führen, lesen Sie sich vorher noch einmal den Abschnitt über Fähigkeit Nr. 9 (Unlösbare Konflikte erkennen, Seite 68) durch.

TIPP Es ist nicht schlimm, wenn bei solchen Themen starke Gefühle in Ihnen aufsteigen, aber überlegen Sie sich genau, wie Sie auf diese Emotionen reagieren möchten. Nur weil irgendetwas heftige Gefühle in Ihnen weckt, bedeutet das noch lange nicht, dass Sie Ihrem Partner deshalb Vorwürfe machen dürfen. Falls Ihre Gefühle sich nur schwer auf vernünftige Weise bewältigen lassen, suchen Sie sich am besten professionelle Unterstützung. Ein Therapeut kann Ihnen helfen, Ihre emotionalen Reaktionen besser in den Griff zu bekommen.

DISKUSSIONSPUNKTE

Eifersucht ist eine ganz normale Emotion, die man nicht ignorieren sollte, denn sonst kann sie zu schlechten Gefühlen oder zu einer Entfremdung in Ihrer Beziehung führen. Also beschäftigen Sie sich ruhig mit Ihrem Gefühl der Eifersucht und überlegen Sie, was Sie brauchen, um es zu überwinden. Vielleicht denken Sie in solchen Augenblicken: »Er ist bestimmt lieber mit ihr zusammen als mit mir.« Dann brauchen Sie von Ihrem Partner womöglich nur die Bestätigung, dass er seine Zeit mit Ihnen wirklich genießt.

Werden Sie sich mithilfe von Fähigkeit Nr. 13 (Einen einfühlsamen Kommunikationsstil entwickeln, Seite 83) bewusst, welche Wahrnehmungen Ihre Eifersucht am stärksten befeuern und welche Geschichten Ihnen dann im Kopf herumgehen.

PROBLEM NR. 28

Unsicherheit

Vor neun Jahren haben Brad und Leila beschlossen, dass die Institution Ehe nichts für sie ist. Die beiden leben schon seit fast zehn Jahren monogam zusammen. Doch obwohl sie eine feste Beziehung führen, sind sie nach wie vor sicher, dass eine standesamtliche Trauung nicht der richtige Weg für sie ist.

Auch Brad ist immer noch von der Richtigkeit dieser Entscheidung überzeugt und weiß, dass Leila sich überhaupt nicht für andere Männer interessiert, dennoch spürt er hin und wieder Unsicherheit – zum Beispiel wenn sie auf Geschäftsreisen geht. Dann fühlt Brad sich zu Hause einsam, vermisst sie und macht sich Sorgen darüber, dass sie unterwegs einen anderen Mann kennenlernen könnte. Manchmal fürchtet er, dass Leila eines Tages das Interesse an ihm verlieren könnte.

Wenn er sie auf dieses Thema anspricht, geht Leila sofort in die Defensive. »Wie kommst du auf die Idee, dass ich dich jemals verlassen würde?«, fragt sie und gibt ihm mit ihrer Abwehrhaltung das Gefühl, dass sie seine Sorgen nicht ernst nimmt. Je öfter die beiden über seine Ängste reden, umso frustrierter ist Leila. Sie hat Brad noch nie betrogen und ist es leid, ihn jedes Mal beruhigen zu müssen, bevor sie verreist.

WAS IST LOS?

Es kommt gar nicht so selten vor, dass ein Partner in einer Beziehung häufiger und/oder stärker verunsichert ist als der andere. Bei vielen Paaren, die in meine Praxis kommen, gibt es eigentlich keinen Anlass für diese Unsicherheit, aber sie ist trotzdem da.

Es gibt viele Gründe dafür, dass manche Menschen in Beziehungen eine besonders geringe Unsicherheitstoleranz haben. Experten weisen in diesem Zusammenhang darauf hin, dass bei einem der beiden Partner (in diesem Fall Brad) ein ängstlicher Bindungsstil entstanden sein könnte, als er noch sehr jung war. Unser Bindungsstil entwickelt sich während der Kindheit in der Beziehung zu unseren Eltern (oder Bezugspersonen) und prägt die Bindungen, die wir in unserem späteren Leben eingehen.

Vielleicht hatte Brad also eine sehr ängstliche Bindung zu seinen Eltern, die seine Partnerbeziehungen auch heute noch beeinflusst; und Leila könnte als Kind wiederum eine eher vermeidende oder distanzierte Beziehung zu ihren Eltern gehabt haben.

Wie auch immer – es liegt auf der Hand, dass jemand wie Brad etwas braucht, das ihn in seiner Partnerschaft bestätigt oder zumindest mehr Klarheit in diesen Lebensbereich bringt. Die Ehe ist nicht die einzige Möglichkeit, eine Beziehung offiziell zu bestätigen, doch ohne sie fällt es vielen Paaren schwer, ihr Bekenntnis zueinander deutlich zu machen. Wenn Sie einen Weg finden, Ihre Partnerschaft zu bestätigen, der Ihnen beiden sinnvoll erscheint, kann Ihnen das bei der Überwindung Ihrer Unsicherheiten helfen. Das kann etwas Formelles sein (etwa ein schriftlicher Vertrag) oder etwas Symbolisches (eine Art Verlobung oder Freundschaftsringe). Auch für unverheiratete Paare gibt es viele Möglichkeiten, ihre Verbundenheit auszudrücken. Brad und Leila kommen mit ihrem Problem nur weiter, wenn sie zunächst herausfinden, welche dieser Möglichkeiten für sie beide einen Sinn ergibt.

SPRECHEN SIE DAS PROBLEM AN!

1. Bevor Sie das Gespräch mit Ihrem Partner suchen, hören Sie erst einmal kurz in sich hinein. In welcher körperlichen, geistigen und seelischen Verfassung befinden Sie sich? Hat einer von Ihnen Hunger, ist müde oder erschöpft? Falls ja, kümmern Sie sich zuerst um diese Grundbedürfnisse und vereinbaren Sie bei Bedarf einen neuen Termin für Ihr Gespräch.

2. Suchen Sie sich ein ruhiges Plätzchen, an dem Sie ungestört sind. Vielleicht ist es sinnvoll, das Haus zu verlassen, einen Spaziergang im Park zu machen oder Ihr Gespräch notfalls sogar im Auto zu führen.
3. Lesen Sie sich den Abschnitt über Fähigkeit Nr. 8 (Dankbarkeit üben, um die emotionale Beziehung zu stärken, Seite 63) noch einmal durch. Paare, die ein festes Prozedere etabliert haben, um einander ihre Dankbarkeit zu zeigen, können Unsicherheitsprobleme oft schon allein dadurch lösen.
4. Arbeiten Sie den Abschnitt über Fähigkeit Nr. 14 (Gedanken und Gefühle voneinander trennen, Seite 87) durch und sprechen Sie dann mit Ihrem Partner darüber, was Sie beide unter Unsicherheit verstehen und was einem von Ihnen (oder allen beiden) helfen könnte, ein stärkeres Zusammengehörigkeitsgefühl zu spüren.

TIPP Vielen Menschen kommt es vielleicht ein bisschen albern vor, konkrete Handlungen und Verhaltensweisen zu benennen, die in ihren Augen für eine feste Beziehung stehen. Doch Sie sollten Ihrem Partner keine Ihrer Ideen zu diesem Thema verschweigen, nur weil Sie sie als zu banal empfinden. Haben Sie den Mut, offen und ehrlich über alles zu sprechen, was Ihnen in diesem Zusammenhang sinnvoll oder wichtig erscheint.

DISKUSSIONSPUNKTE

Lesen Sie noch einmal meine Ausführungen zu Fähigkeit Nr. 2 (Emotionale Reaktionsmuster erkennen, Seite 30) und denken Sie darüber nach, wann und wie Sie sich in Ihrer Beziehung (oder in anderen Lebensbereichen) unsicher fühlen. Welche Signale gibt Ihr Körper Ihnen, wenn Sie unsicher sind? Besprechen Sie diese Erkenntnisse mit Ihrem Partner.

PROBLEM NR. 29

Untreue

Rashad und Alisa sind seit 17 Jahren zusammen und haben sich erst vor Kurzem in einem vertrauten Gespräch gebeichtet, dass sie beide während ihrer Beziehung kurze Affären hatten. Alisa gestand, vor drei Jahren bei einer Konferenz einen One-Night-Stand gehabt zu haben, und Rashad gab zu, sich vor ungefähr einem Jahr auf einen Onlineflirt eingelassen zu haben, bei dem einige Grenzen der Monogamie, die die beiden sich gesetzt hatten, überschritten wurden.

Die beiden haben mich gefragt, ob diese Seitensprünge wohl ein Zeichen dafür sind, dass sie sich voneinander trennen sollten. Sie können nicht verstehen, wie sie fremdgehen konnten, obwohl sie sich und ihr gemeinsames Leben doch so sehr lieben. Eigentlich wünschen sie sich eine gemeinsame Zukunft – ohne Fremdgehen.

WAS IST LOS?

Wenn Menschen dahinterkommen, dass ihr Partner eine Affäre hat (oder hatte), ist das für manche ein eindeutiges Zeichen dafür, dass die Beziehung beendet werden muss. Doch natürlich können viele Paare auch nach einem Seitensprung zusammenbleiben – und das kommt gar nicht so selten vor. Wenn die Partner sorgfältig mit ihren verletzten Gefühlen umgehen und sich bemühen, das Vertrauen in ihrer Beziehung wiederherzustellen, können sie sich sogar noch näher kommen als vor der Untreue.

Meiner Erfahrung nach lassen die meisten Menschen sich auf eine Affäre ein, weil sie mit ihrer persönlichen Identität nicht im Reinen sind. Oft ist die Affäre für sie eine Chance, sich – zumindest probeweise – ihre Sehnsucht nach einem anderen Leben zu erfüllen und Teile ihrer Persönlichkeit auszuleben, die lange Zeit verschüttet waren. Bei außerehelichen Affären geht es also normalerweise gar nicht so sehr um eine der beiden Beziehungen, sondern eher um die Person, die den Seitensprung begeht.

So war es auch bei Rashad und Alisa. Rashad hatte das Gefühl, bei seinem Onlineflirt einige längst verloren gegangene jüngere Teile seiner Persönlichkeit wiederbeleben zu können, die er im Zusammenleben mit Alisa nicht zum Ausdruck bringen konnte. Alisa wiederum genoss es bei ihrem Seitensprung, eine Nacht lang völlig egoistisch sein zu können, ohne ständig an ihre familiären Verpflichtungen denken zu müssen.

Ich bin mit Rashad und Alisa einige der unten beschriebenen Schritte durchgegangen, damit sie einen Weg finden konnten, ihre Beziehung weiterzuführen – was sie sich beide wünschten. Das ist kein einfacher Prozess, und die beiden mussten sich die unten aufgeführten Kommunikationsfähigkeiten dabei mehr als einmal ins Gedächtnis zurückrufen. In vielen Fällen ist es für Paare nahezu unmöglich, ohne professionelle Hilfe über einen Seitensprung hinwegzukommen. Daher empfehle ich Ihnen dringend, sich einen Therapeuten zu suchen, der Sie dabei unterstützt.

SPRECHEN SIE DAS PROBLEM AN!

1. Bevor Sie das Gespräch mit Ihrem Partner suchen, hören Sie erst einmal kurz in sich hinein. In welcher körperlichen, geistigen und seelischen Verfassung befinden Sie sich? Hat einer von Ihnen Hunger, ist müde oder erschöpft? Falls ja, kümmern Sie sich zuerst um diese Grundbedürfnisse und vereinbaren Sie bei Bedarf einen neuen Termin für Ihr Gespräch.
2. Suchen Sie sich ein ruhiges Plätzchen, an dem Sie ungestört sind. Vielleicht ist es sinnvoll, das Haus zu verlassen, einen Spaziergang im Park zu machen oder Ihr Gespräch notfalls sogar im Auto zu führen.
3. Vereinbaren Sie zunächst mithilfe von Fähigkeit Nr. 6 (Einen sicheren Raum für Verletzlichkeit schaffen, Seite 54), wie Sie Ihr Gespräch zum Thema Untreue führen möchten.
4. Außereheliche Affären wecken meistens starke emotionale Reaktionen. Legen Sie sich daher mithilfe von Fähigkeit Nr. 3 (Emotionale Reaktionsmuster durchbrechen, Seite 34) einen Plan dafür zurecht, wie Sie während dieses Gesprächs mit Ihren Gefühlen und Reaktionen umgehen wollen.
5. Versuchen Sie, sich anhand von Fähigkeit Nr. 13 (Einen einfühlsamen Kommunikationsstil entwickeln, Seite 83) in die Gedanken und Gefühle zu versetzen, die Ihr Partner während der Affäre hatte.
6. Mithilfe von Fähigkeit Nr. 10 (Dem Partner einen Vertrauensvorschuss einräumen, Seite 72) können Sie erkennen, wann Sie in diesem Gespräch zu hart mit Ihrem Partner umgehen. Sobald Ihnen das auffällt, sollten Sie eine kleine Pause einlegen und die Diskussion später fortsetzen (siehe Fähigkeit Nr. 18: Missverständnisse ausräumen, Seite 102).

TIPP Nachdem Sie mithilfe der obigen Schritte einen sicheren Raum für Ihr Gespräch geschaffen haben, sollten Sie sich nochmals auf sämtliche Kommunikationsfähigkeiten aus Kapitel 4 (Fehler wiedergutmachen und Verantwortung übernehmen, ab Seite 92) besinnen, um die Vertrauensbasis zwischen Ihnen und Ihrem Partner wiederherzustellen.

DISKUSSIONSPUNKTE

Auch wenn Sie und Ihr Partner sicherlich alle beide dazu beigetragen haben, dass die Affäre überhaupt erst möglich wurde, sollte derjenige, der den Betrug begangen hat, in klaren Worten die Verantwortung für sein Verhalten übernehmen, um die Beziehung wieder zu reparieren. Fähigkeit Nr. 19 (Sich auf überzeugende Weise entschuldigen, Seite 104) ist ein guter Ausgangspunkt dafür.

- ➜ Überlegen Sie, welche Anteile Ihrer Persönlichkeit Sie zum Leben erwecken, erneuern oder ungehindert ausleben konnten, als Sie mit der anderen Person zusammen waren.
- ➜ Inwiefern konnten Sie sich während Ihrer Begegnungen mit diesem Menschen von einer anderen Seite zeigen als sonst?
- ➜ Was hat Sie davon abgehalten, diese Persönlichkeitsanteile in einer monogamen Beziehung zu leben?

Wenn Sie der betrogene Partner sind, sollten Sie sich folgende Fragen stellen:

- ➜ Zu welchen Anteilen meiner Persönlichkeit habe ich den Kontakt verloren?
- ➜ Gibt es Persönlichkeitsanteile, die ich gerne ausweiten, erforschen oder erneuern würde?
- ➜ Wie kann ich einen Raum schaffen, in dem wir beide – mein Partner und ich – uns in unserer Beziehung so zeigen können, wie wir wirklich sind?

SCHLUSSWORT

ICH HOFFE, SIE haben inzwischen eingesehen, wie häufig Kommunikationsprobleme vorkommen – selbst bei Paaren, mit deren Beziehung eigentlich alles in Ordnung scheint. Und je mehr Sie an Ihren Kommunikationsproblemen arbeiten, umso klarer wird Ihnen hoffentlich, dass Konflikte etwas völlig Normales sind, womit man in einer Beziehung rechnen muss – und dass sie keine Bedrohung darstellen.

Nur weil wir mit unterschiedlichen Standardverhaltensmustern oder unklaren Wünschen und Erwartungen in eine Beziehung hineingehen, muss das noch lange nicht so bleiben. Denn mit ein bisschen Übung und wohlüberlegtem Handeln können wir unsere Beziehungs- und Kommunikationsfähigkeiten verbessern.

Gesunde Paare bewältigen Konflikte in einer hoffnungsvollen Haltung und mit der Bereitschaft, ihre Kommunikationsfähigkeiten mit der Zeit immer mehr zu verbessern. Außerdem tun sie etwas für ihre Beziehung – zum Beispiel indem sie dieses Buch gemeinsam durcharbeiten. Sie wissen, dass eine Partnerschaft nicht nur aus Spaß und Romantik besteht: Um diese schönen Seiten einer Beziehung genießen zu können, müssen sie ihre Vertrauensbasis und ihre Verbindung zueinander aufrechterhalten. Das kostet Zeit und Energie.

Sie können immer wieder mit diesem Buch arbeiten, um Ihre Kommunikationsfähigkeiten noch mehr zu verfeinern oder um Hilfe bei bestimmten Problemen zu finden. Auch die Übungen können Sie beliebig oft wiederholen, um Ihre emotionale Verbindung zueinander zu vertiefen. Es ist wichtig, Ihre Beziehung selbst dann zu pflegen, wenn Sie sich gerade gut verstehen. Denn so wird es Ihnen viel leichter fallen, gesunde Kommunikationsstrategien in Situationen einzusetzen, in denen eine angespannte Atmosphäre herrscht.

Je mehr Zeit und Energie Sie in die Verbesserung Ihrer Beziehung und in die Lösung von Konflikten investieren, umso mehr Vertrauen und Intimität werden in Ihrer Partnerschaft entstehen, und dann kommt es auch seltener zu Missverständnissen. Mit anderen Worten: Je mehr Sie sich lieben, umso seltener werden Sie sich streiten.

ANHANG

Gefühle

WÜTEND	TRAURIG	FREUDIG	ÄNGSTLICH
ungeduldig	ausgelaugt	fröhlich	besorgt
rachsüchtig	deprimiert	wertschätzend	von Grauen erfüllt
nachtragend	hoffnungslos	mitfühlend	unsicher
pikiert	beunruhigt	ruhig	erschrocken
empört	einsam	liebevoll	ängstlich
eingeschnappt	unglücklich	freundlich	entsetzt
feindselig	reumütig	verspielt	beunruhigt
angewidert	untröstlich	dankbar	aufgeregt
wertend	trauervoll	innerlich gestärkt	bedroht
zornig	sehnsüchtig	nachdenklich	wachsam
zurückgewiesen	wehmütig	selbstsicher	vorsichtig
entsetzt	enttäuscht	stolz	misstrauisch
verunsichert	bedrückt	zuversichtlich	befangen
schockiert	unruhig	energiegeladen	beklommen
bestürzt	trübsinnig	entspannt	reserviert
verärgert	zurückgezogen	erleichtert	defensiv
verbittert	schwermütig	erfrischt	angespannt
abgestoßen	niedergeschlagen	friedlich	nervös
gereizt	betrübt	beschwingt	beunruhigt
mürrisch	weinerlich	inspiriert	zaghaft
wütend	empfindlich	kraftvoll	schüchtern
mitleidslos	melancholisch	mutig	alarmiert
machtlos	entmutigt	freudig erregt	schockiert

Bedürfnisse

Verbundenheit
Akzeptanz
Zuneigung
Wertschätzung
Zugehörigkeit
Zusammenarbeit
Kommunikation
Nähe
Gemeinschaft
Kameradschaft
Mitgefühl
Rücksichtnahme
Beständigkeit
Einfühlungsvermögen
einbezogen werden
erkennen und erkannt werden
sehen und gesehen werden
Vertrauen
Herzlichkeit
Ehrlichkeit

Authentizität
Intimität
Liebe
Gegenseitigkeit
Respekt
Selbstachtung
Sicherheit
Geborgenheit
Stabilität
Luft
Nahrung
Bewegung
Entspannung
Schutz
Wasser
sexueller Ausdruck
körperliches Wohlbefinden
Spiel
Humor
Feiern
Frieden

Ruhe
Leichtigkeit
Schönheit
Ehrfurcht
Gemeinsamkeit
Inspiration
Gleichberechtigung
Harmonie
Ordnung
Selbstständigkeit
Entscheidungsfreiheit
Freiraum
Spontaneität
Gleichgewicht
Freundschaft
Partnerschaft
Bewusstheit
Bedeutung
Herausforderung
Klarheit
Kompetenz

Bewusstsein
einen Beitrag leisten
Kreativität
Entdeckungen
Effektivität
Erfolg
Wachstum
Hoffnung
Lernen
Trauern
Teilhabe
Sinn
Selbstausdruck
Anregung
Wichtigkeit
Verständnis
Integrität
Präsenz

Folgefragen

- Kannst du mir mehr darüber erzählen?
- Was bedeutet das in deinen Augen?
- Wie hast du dich gefühlt, als das passiert ist?
- Was hat sich für dich verändert, als das passiert ist?
- Ich kann mir vorstellen, dass du dich ______________ fühlst. Stimmt das?
- Welche Auswirkungen hatte/hat das auf dich?
- Was meinst du mit ___________________________________?
- Was hast du aus dieser Erfahrung gelernt?
- Was erhoffst/erhofftest du dir in dieser Situation?
- Welchen Rat würdest du dir selbst in dieser Situation geben?
- Welchen Sinn ergibt dieses Erlebnis für dich?
- Was würde sich ändern, wenn du deine Bewertung änderst?
- Welche Geschichten gehen dir zu diesem Thema im Kopf herum?
- Hast du schon einmal versucht, dieses Problem zu lösen? Wenn ja, wie?
- Welche Absicht hast du in dieser Situation verfolgt?
- Wie interpretierst du das?
- Was würdest du anders machen, wenn du es noch einmal wiederholen könntest?
- Was hast du zu dieser Situation beigetragen?
- Inwiefern soll das in Zukunft anders werden?
- Wie kann ich dich dabei unterstützen?

LITERATURHINWEISE

Allgemein

Brown, Brené: *Verletzlichkeit macht stark. Wie wir unsere Schutzmechanismen aufgeben und innerlich reich werden.* Goldmann, München 2017

Brown, Brené. *I Thought It Was Just Me (but it isn't): Making the Journey from »What Will People Think?« to »I Am Enough«.* Avery, New York 2007

Duhigg, Charles: *Die Macht der Gewohnheit. Warum wir tun, was wir tun.* Piper Taschenbuch, München 2013

Fruzzetti, Alan E.: *Konfliktreiche Paarbeziehungen. Zu einer liebevollen Beziehung finden mit Dialektisch-Behavioraler Therapie.* Psychosozial-Verlag, Gießen 2019

Gottman, John M.: *The Relationship Cure: A 5 Step Guide to Strengthening Your Marriage, Family, and Friendship.* Harmony, New York 2002

Lyubomirsky, Sonja: *Glücklich sein. Warum Sie es in der Hand haben, zufrieden zu leben.* Campus, Frankfurt a. M. 2018

Perel, Esther: *Was Liebe braucht. Das Geheimnis des Begehrens in festen Beziehungen.* HarperCollins, Hamburg 2020

Tatkin, Stan: *Wired for Love: How Understanding Your Partner's Brain Can Help You Defuse Conflicts and Spark Intimacy.* New Harbinger, Oakland, CA 2012

Teil eins

Johnson, Sue: *Halt mich fest. Sieben Gespräche über lebenslange Liebe.* Junfermann, Paderborn 2019

Levine, Amir und Rachel Heller: *Warum wir uns immer in den Falschen verlieben. Beziehungstypen und ihre Bedeutung für unsere Partnerschaft.* Goldmann, München 2015

Rosenberg, Marshall B.: *Gewaltfreie Kommunikation. Eine Sprache des Lebens.* Junfermann, Paderborn 2016

Teil zwei

O'Hanlon, Bill: *Probiers mal anders! Zehn Strategien, die Ihr Leben verändern.* Carl-Auer Verlag, Heidelberg 2011

Prochaska, James O., John C. Norcross und Carlo C. DiClemente: *Jetzt fange ich neu an. Das revolutionäre Sechs-Schritte-Programm für ein dauerhaft suchtfreies Leben.* Droemer Knaur, München 1997

Siegel, Daniel J.: *Mindsight. Die neue Wissenschaft der persönlichen Transformation.* Goldmann, München 2012

Stone, Douglas, Bruce Patton und Sheila Heen: *Offen gesagt! Erfolgreich schwierige Gespräche meistern.* Goldmann, München 2001

REGISTER

F

K

M

R

S

W

Z

DANKSAGUNG

MEIN GELIEBTER RAE, ohne deine ständige engagierte Unterstützung hätte ich weder dieses noch irgendein anderes Projekt fertigstellen können. Vielen Dank für deine Bereitschaft, unsere Ehe als Versuchskaninchen für meine verrückten Arbeitsbücher zu nutzen! Es ist ein großes Glück für mich, dich kennengelernt zu haben. Ich liebe dich.

Meine tollen Kinder Murphy und Lulu: Ihr macht mich glücklich und lasst meine Träume wahr werden. Hoffentlich lest ihr mein Buch, wenn ihr älter seid!

Außerdem danke ich meinen Eltern Rudy und Shirley dafür, dass sie mir und Generationen von Familien in Wisconsin eine gesunde, liebevolle Kommunikation vorgelebt haben. Ich bin stolz darauf, eure Tochter zu sein.

Meiner lieben Schwester Angie danke ich für ihre Geduld. Zu allem, was ich in diesem Buch über Herzlichkeit und Großmut geschrieben habe, hast du mich inspiriert.

Meinen Kollegen Jeff und Julie danke ich für unseren spielerischen kleinen Podcast und für all eure Ermutigung während meiner Arbeit an diesem Buch.

Ohne die Menschen, von denen ich zu Beginn meiner beruflichen Karriere so viel gelernt habe, hätte ich dieses Buch nicht schreiben können. Mein ganz besonderer Dank gilt Dr. P. B. Poorman und Camille Bertagnolli, die mich zu meinem Studium und zu der Idee inspiriert haben, eine liebevollere Welt zu schaffen.

Dana, Stuke, Kate, Jenny, Kel, Casey, Effie und Sadie: Danke dafür, dass ihr mir beigebracht habt, wie wichtig emotionale Intimität auch außerhalb von Liebesbeziehungen ist.

Den Beitrag meiner Klientinnen und Klienten zu diesem Buch kann ich gar nicht hoch genug einschätzen. Ihr Vertrauen zu mir ist eine große Ehre für mich. Danke, dass Sie mir erlauben, andere Menschen mit Ihren Geschichten zu inspirieren.

ÜBER DIE AUTORIN

DR. GINA SENARIGHI ist professionelle klinische Beraterin, Autorin, Lehrerin, Sexualberaterin und zertifizierter Beziehungscoach. Seit über zehn Jahren unterstützt sie Menschen als Lehrerin, Coach, Beraterin und Paartherapeutin bei Auseinandersetzungen und sexuellen Problemen, um glückliche, gesunde Beziehungen zu führen.

Gina wurde 2019 zur besten Lebensberaterin von Portland ernannt und hat an Universitäten überall in den USA Psychologiekurse und Gastvorträge über Leidenschaft, alternative Beziehungen und sexpositive Therapie gehalten. Studenten und Klienten schätzen ihren sachlichen und wertfreien Lehr- und Beratungsstil.

Zurzeit veranstaltet Gina Kommunikationsworkshops und Retreats für Paare zum Thema Intimität; außerdem coacht sie Onlineklienten auf der ganzen Welt. Ihr Podcast Swoon kam wegen seines zugewandten, warmherzigen Stils und seiner Praxisnähe sehr gut an. Sie unterrichtet Kommunikationsfähigkeiten online und in Workshops und hilft den Teilnehmern, langjährige Verhaltensmuster so zu verändern, dass sie eine tiefere, sinnvollere Beziehung zu ihrem Partner aufbauen können.

Vor Kurzem hat Gina das Spektrum ihrer Tätigkeit erweitert und unterstützt jetzt auch Unternehmergemeinschaften und -paare dabei, belastbare, starke Beziehungen innerhalb kleiner Unternehmen aufzubauen, effektiv miteinander zu kommunizieren und im Rahmen kreativer Projekte bereichernde Partnerschaften zu pflegen, damit ihre Beziehung nicht leidet, während sie ihre beruflichen Träume verwirklichen.

Wenn sie nicht gerade arbeitet, entspannt sie sich in ihrem Garten in einer Großstadt, kuschelt mit ihrer kleinen Hündin Frida oder reist mit ihrem Partner Rae und ihren beiden Kindern Murphy und Lulu um die Welt.